Renate Rothbauer

Himmlische Schnitten 2

aus Österreichs Backstuben

KRENN

welt der frau
Die österreichische Frauenzeitschrift

Titel: Renate Rothbauer
Himmlische Schnitten 2
aus Österreichs Backstuben

www.hubertkrenn.at

Lektorat: Anke Weber
Fotos: Fotostudio Riedmann
Druck und Bindung: Gorenjski tisk, Kranj

ISBN 978-3-902532-42-8

RENATE ROTHBAUER

Himmlische Schnitten 2

aus Österreichs Backstuben

welt der frau
Die österreichische Frauenzeitschrift

INHALT

Vorwort

„Rühr fest, Renaterl!" Diese Worte meiner Großmutter aus Kindertagen klingen noch in meinen Ohren. Denn am Samstag wurde immer Kuchen gebacken, um den Sonntag aus dem Alltag zu heben. Der Teig wurde damals noch mühevoll nur mit Kochlöffel und Schneebesen gerührt. Wie wunderbar war es, die Teigschüssel ausschlecken zu dürfen, ein kleines Stückchen Kuchen schon am Samstag zu stibitzen. Damals wurde meine Liebe zum Backen geweckt. Kuchenbacken löst bei mir bis heute Gefühle der Geborgenheit und Erinnerung aus.

Für dieses Buch habe ich viele Rezepte meiner Großmutter verfeinert, neu gestaltet und viele Teige, Cremen und Beläge neu kreiert und in „himmlische" Schnitten „verwandelt". Das Ergebnis halten Sie nun in Händen und ich hoffe, dass alle Rezepte Sie zum Backen verführen – ja, backsüchtig machen.
Damit das Backen auch für Eilige oder Ungeübte zum Vergnügen wird, habe ich Backzutaten verwendet, die leicht erhältlich bzw. im Haushalt vorrätig sind. Auch die Backanleitungen sind so unkompliziert wie möglich beschrieben und die Rezepte habe ich gewissenhaft getestet, damit sie sicher gelingen.
Viele brillante Fotos zeigen Ihnen, wie Sie mit relativ einfachen Rezepten eine ganz tolle Wirkung erzielen. Varianten und Tipps ergänzen die Rezepte und sollen auch Sie ermutigen, kreativ zu backen.

Möge dieses Backbuch ein unentbehrlicher Begleiter für Sie werden und die „Himmlischen Schnitten" Ihnen und Ihren Lieben das Leben „versüßen".

Herzlichst
Renate Rothbauer

Backtipps

- Gut und angenehm ist es, wenn Sie verschiedene „Grundzutaten“ wie fertige Mohnfülle, Nüsse, Zitronen- und Orangenschalen, Kochschokolade, Dosenfrüchte, Kakaopulver, Puddingpulver, Gelatine, Marmelade immer griffbereit haben.
- Schützen Sie Ihr Rezeptbuch während der Zubereitung mit einer durchsichtigen Folie oder mit dem durchsichtigen Deckel einer Auflaufform (wirkt sogar wie ein Vergrößerungsglas).
- Wenn nichts anderes angegeben ist, sind alle Zutaten für eine Backblechgröße von 30 x 40 cm und etwa 3–4 cm hoch.
- Sie können den Rand des Backbleches erhöhen, sollte das Backgut mit dem Joghurt- oder Fruchtbelag zu hoch werden. Legen Sie Streifen aus Alufolie 3–4-mal zusammen (die Höhe bestimmen Sie) und schieben Sie diese mit einem Messer am Rand entlang zwischen fertig gebackenem (und ausgekühltem) Teig und Blech.
- Die Backzeiten und Grade sind natürlich Richtzeiten. Ich nehme zu 90 Prozent Heißluft. Beim ersten Ausprobieren eines Rezeptes sollten Sie unbedingt darauf achten und das Backgut im Auge behalten. Notieren Sie Abweichungen mit Bleistift im Rezeptbuch.
- Auch die Zubereitungs- und Arbeitszeit sind Richtwerte (Back-, Rast- und Kühlzeit sind nicht eingerechnet). Es kommt darauf an, ob die Küchenmaschine rührt und Sie inzwischen etwas anderes vorbereiten können. Ob Sie frische Früchte zubereiten, Dosenfrüchte oder eingefrorenes Obst nehmen usw.
- Tiefgekühltes Obst als Belag immer gefroren vor dem Backen auflegen oder einmischen, so verliert es weniger Saft und bleibt fleischig. Bestreuen Sie aber die Früchte immer erst nach dem Backen mit Staubzucker.
  Bei den Rezeptangaben steht immer Butter, selbstverständlich können Sie auch eine gute Margarine nehmen.

- Ist die Butter zu kalt für den Rührteig, dann reiben Sie sie einfach in die Schüssel und stellen Sie die Quirlstäbe vor dem Gebrauch kurz in heißes Wasser.

- Schneehauben lassen sich besser schneiden, wenn Sie die Messerklinge einfetten oder in kochendes Wasser tauchen.

- Auch wenn das Schlagobers „abgelaufen" ist – für eine Trüffelcreme können Sie es immer noch verwenden.

- Kurz vor dem Steifwerden des Schlagobers Zucker (auch jede Art von Honig oder Sirup) dazugeben. Schmeckt Ihnen bei dem einen Rezept der Teig sehr gut, beim anderen Rezept der Belag – so tauschen Sie einfach.

- Sie benötigen kein ganzes Backblech? Entweder Sie nehmen nur die Hälfte des Teiges und verwenden ein kleines Backblech bzw. eine Tortenform oder Sie trennen mit Alufolie. Besser ist es aber, einfach die andere Kuchenhälfte einzufrieren (den Belag dann frisch zubereiten). Da ist es günstiger auf Backpapier zu backen, um den Kuchen besser vom Backblech zu bringen.

- Die Biskuitmasse wird schneller flaumig, wenn Sie die Eier vorher kurz in warmes Wasser legen.

- Lässt man den Biskuitteig vor dem Backen in der Form aus etwa 10 cm auf die Arbeitsplatte fallen, fällt er nicht so in sich zusammen.

- Die Buttercreme ist geronnen: Sie können ein Stückchen Kokosfett erhitzen und schnell unter die Creme rühren. Oder Sie stellen die Creme so lange in den Kühlschrank, bis sie ganz fest geworden ist, und schlagen Sie dann erneut auf.

- Keine Angst vor der Puddingcreme, sie gerinnt nicht, wenn Pudding und Butter die gleiche Temperatur haben – zimmerwarm. Zergangene Butter im Pudding wird nicht mehr fest.

- Der Kuchen muss völlig erkaltet sein, wenn Sie Buttercreme oder Schlagobers auftragen.

- Geben Sie übrig gebliebene Eidotter in ein kleines Plastikgefäß und gießen Sie vorsichtig etwas Wasser darüber – so halten sie sich einige Tage im Kühlschrank.

- Schneller erhalten Sie steifen Eischnee, wenn Sie eine Prise Salz (auch 1 EL Wasser) vor dem Schlagen dazu geben. Mit etwas Staubzucker und einigen Tropfen Zitronensaft wird er sehr fest und feinporig.
- Es kostet ein bisschen Zeit, sieht aber hübsch aus, wenn Sie für eine Schneehaube oder einen Cremebelag die Masse in einen Spritzbeutel mit gezackter Tülle füllen und dann auf die Schnitten spritzen.
- Der Mürbteig bleibt nicht so an den Fingern haften, wenn Sie die Hände mit etwas Öl einreiben.
- Den Mürbteigboden vor dem Backen mit einer Gabel ab und zu anstechen, damit er keine Blasen bekommt.
- Zwischen Backtrennpapier lässt sich Teig, der leicht klebt, leichter ausrollen. Einige Spritzer Wasser zwischen Papier und Arbeitsplatte erleichtern das Ausrollen.
- Einige Tropfen Wasser zwischen Backblech und Backpapier erleichtern Ihnen auch das Aufstreichen des Teiges.
- Kristallisierter Honig (auch Saft oder Gelee) wird wieder geschmeidig, wenn Sie ihn vorsichtig im Wasserbad erwärmen.
- Bei Angaben wie Apfelsaft, Orangensaft etc. ist immer das normale Getränk gemeint, ansonsten steht Sirup für eingedickten Saft.
- Wenn Sie nur einige Tropfen Zitrone brauchen, dann stechen Sie einfach mit einer Stricknadel (oder Zahnstocher) ein Loch in die Zitrone.
- Die Zitrone gibt leichter Saft, wenn Sie sie vorher auf der Küchenplatte – mit der Handfläche andrücken – hin und herrollen.
- Zuckerglasur wird schön weiß, wenn Sie sie mit Wasser und etwas Milch anrühren.

Verwendete Abkürzungen:

g .... Gramm
kg .... Kilogramm
EL .... Esslöffel
TL .... Teelöffel
Pkg. .... Packung
Msp. .. Messerspitze
l .... Liter
cl .... Zentiliter
ml .... Milliliter

Apfel-Zimt-Schnitten

Zubereitungszeit:
1 Stunde

Backzeit:
25 Minuten bei 180 °C

Masse für ein Backblech

Zutaten für den Teig:

160 g Staubzucker
1 Pkg. Vanillezucker
6 EL Wasser
3 EL Rum
4 Eier
100 g Kristallzucker
120 g geriebene Walnüsse
1 TL Zimt
1 TL Zitronenschale
150 g Mehl
3 TL Backpulver

Zutaten für die Creme:

1/2 l Schlagobers
400 g Mascarpone
4 EL Staubzucker
1 gestr. TL Zimt
20 EL Apfelmus (fertig gekauft)
2 EL Zitronensaft
10 Blatt Gelatine
6 EL Rum

Zutaten für das Gelee:

2 Pkg. Tortengelee klar
1/2 l Apfelsaft
Msp. Zimt
3 EL Kristallzucker

1 Eier trennen. Eidotter mit Staubzucker, Vanillezucker, warmem Wasser und Rum sehr schaumig schlagen. Mehl mit Backpulver, Zimt und Zitronenschale vermischen und einrühren, schaumig weiter rühren. Eiklar schlagen, mit dem Kristallzucker aufschlagen und mit den Nüssen unterheben.

2 Den Teig auf ein befettetes, bemehltes Backblech streichen und im vorgeheizten Backrohr bei 180 °C etwa 25 Minuten backen.

3 Für die Creme das Schlagobers mit Staubzucker und Zimt aufschlagen. Gelatine in Wasser einweichen, in erwärmtem Rum auflösen, mit Schlagobers, Mascarpone, Zitronensaft und Apfelmus verrühren, auf den ausgekühlten Kuchen streichen und kalt stellen.

4 Für das Gelee Apfelsaft mit Zucker, Zimt und Tortengelee nach Vorschrift zubereiten.
Etwas Gelee mit einem Pinsel auf die Oberfläche streichen und fest werden lassen. Dann das restliche Gelee darüber geben und glatt streichen.
(Gelee kann man wieder erwärmen und dadurch flüssig machen.)

Tipp

Dünsten Sie Apfelspalten bissfest an, lassen Sie sie gut abtropfen und legen Sie sie auf die Oberscreme. Wenn Sie es mögen, streuen Sie noch etwas Zimt darüber und geben Sie am Schluss das Gelee (dann evtl. 3 Packungen) darauf.

Apfel-Karotten-Schnitten

Zubereitungszeit:
1 Stunde

Backzeit:
35 Minuten bei 160 °C

Zutaten:

120 g weiche Butter
120 g Staubzucker
1 Pkg. Vanillezucker
4 Eier
100 g Haselnüsse
80 g Semmelbrösel
100 g Mehl
2 TL Backpulver
200 g fein geriebene Karotten
200 g fein geriebene Äpfel
Saft und Schale von 1 Zitrone
4 EL Rum
Prise Salz

Marillen- oder Ribiselmarmelade
Schokolade- oder Zitronenglasur

1 Karotten und Äpfel fein raspeln und mit Zitronensaft und -schale vermischen.

2 Eier trennen. Butter mit Staubzucker und Vanillezucker schaumig rühren. Eidotter nach und nach einrühren. Mehl, Backpulver, Brösel und Haselnüsse gut vermischen und abwechselnd mit der Apfel-Karottenmasse und Rum unterrühren. Eiklar mit einer Prise Salz zu steifem Schnee schlagen und vorsichtig unterheben.

3 Die Teigmasse auf ein befettetes, bemehltes Backblech streichen und im vorgeheizten Backrohr bei 160 °C etwa 35 Minuten backen.

4 Den Kuchen abkühlen lassen, mit warmer Marmelade bestreichen und je nach Belieben mit Schokolade- oder Zitronenglasur überziehen.

Apfel-Mohn-Schnitten

Zubereitungszeit:
40 Minuten

Backzeit:
30 Minuten bei 180 °C

Masse für ein Backblech

Zutaten:

6 Eier

200 g Staubzucker

1 Pkg. Vanillezucker

Prise Salz

Zitroneschale und -saft

200 g gemahlener Mohn

120 g geriebene Walnüsse

4 säuerliche Äpfel

Ribiselmarmelade

Glasur nach Wunsch oder Staubzucker

1 Äpfel schälen, vierteln, vom Kerngehäuse befreien und grob raspeln.

2 Eier trennen. Eidotter mit einem Drittel des Staubzuckers, Salz und dem Vanillezucker sehr schaumig rühren. Eiklar mit dem restlichen Zucker zu sehr steifem Schnee schlagen. Die Dottermasse unter den Schnee heben. Nüsse, Mohn, Äpfel und Zitronenschale gleichzeitig unterziehen.

3 Die Teigmasse auf ein befettetes, bemehltes Backblech streichen und im vorgeheizten Backrohr bei 180 °C etwa 30 Minuten backen.

4 Die lauwarmen Schnitten mit Ribiselmarmelade und mit Schokolade, Zitronen- oder Rumglasur überziehen.

Tipp

Sehr gut schmeckt auch eine Himbeerglasur:
Dafür erwärmen Sie 500 g Himbeeren und rühren 4 EL Staubzucker dazu. Passieren Sie die Früchte und lösen Sie 6 Blatt eingeweichte Gelatine darin auf.

Bacardischnitten

Zubereitungszeit:
1 Stunde

Backzeit:
20 Minuten bei 160 °C

Masse für 1 Backblech

Zutaten für den Teig:

240 g Staubzucker
1 Pkg. Vanillezucker
280 g Mehl
1 Pkg. Backpulver
4 Eier
100 ml Öl
150 ml Bacardi Breezer Orange (oder Orangensaft bzw. Fanta)

Zutaten für den ersten Belag:

500 g Marillenmarmelade
1 Pkg. Instantgelatine

Zutaten für den zweiten Belag:

1/2 l Vanillejoghurt
3 EL Staubzucker
1/4 l Schlagobers
4 EL Rum
8 Blatt Gelatine

Zutaten für dritten Belag:

1/2 l Schlagobers
10 Riegel Milky-Way
150 g Bitterschokolade
2 Pkg. Sahnesteif

1 Für die Milky-Way-Creme Schlagobers aufkochen lassen, die in Stücke gebrochenen Milky-Way-Riegel und die in Stücke gebrochene Schokolade bei geringer Hitze unterrühren und zergehen lassen. Die Creme einige Stunden in den Kühlschrank geben (evtl. schon am Vorabend zubereiten).

2 Für den Teig alle trockenen Zutaten in einer großen Schüssel (30 cm Durchmesser und 15 cm Höhe) mit dem Schneebesen gut vermengen. Dann Eier, Öl und Bacardi dazugeben, gut miteinander vermischen und kräftig hin und herschlagen.

3 Den Teig auf ein befettetes, bemehltes Backblech streichen, bei 160 °C etwa 20 Minuten backen und auskühlen lassen.

4 Für den ersten Belag die Marillenmarmelade erwärmen, mit der Instantgelatine gut verrühren und auf den ausgekühlten Teig streichen.

5 Für den zweiten Belag Joghurt mit Staubzucker verrühren und Schlagobers schlagen. Die Gelatine in Wasser einweichen, ausdrücken, in erwärmtem Rum auflösen, mit dem Schlagobers unter das Joghurt rühren und auf den gelierten Marmeladebelag streichen.

6 Die Milky-Way-Creme mit Sahnesteif gut aufschlagen, in einen Spritzsack mit gezackter Tülle geben und Streifen bzw. Tupfen auf die Joghurtcreme spritzen.

Tipp

Diese Schnitten schauen komplizierter aus, als sie sind. Sie können die Milky-Way-Creme auch glatt aufstreichen oder einen Belag weglassen – auch dann schmecken sie immer noch sehr gut.

Bananenschnitten

Zubereitungszeit:
20 Minuten

Backzeit:
20 Minuten bei 160 °C

Masse für ein Backblech

Zutaten:

280 g Mehl

3 gestr. TL Backpulver

150 g Staubzucker

1 Pkg. Vanillezucker

120 g zerlassene Kochschokolade

180 g zerlassene Butter

4 Eier

150 ml Bananenfruchtsaft (auch Apfel- oder Orangensaft)

2 große feste Bananen

Schokolade-, Zitronen- oder Rumglasur

Marmelade

1 Butter und Schokolade in der Mikro vorsichtig zerlassen. Mehl, Backpulver, Staubzucker, Vanillezucker mit einem Schneebesen in einer großen Schüssel (etwa 30 cm Durchmesser und 15 cm hoch) gut vermischen. Soll ganz fein werden. Eier, Fruchtsaft, abgekühlte Butter und Schokolade dazugeben, mit dem Schneebesen gut verrühren und dann kräftig hin- und herschlagen.
Die Bananen in kleine Stücke schneiden und ebenfalls einrühren.

2 Den Teig auf ein befettetes, bemehltes Backblech streichen und im vorgeheizten Backrohr bei 160 °C etwa 20 Minuten backen.

3 Die noch lauwarmen Schnitten mit beliebiger Marmelade und mit gewünschter Glasur bestreichen.

Variante

Zu diesem Teig passt die Bananencreme von den Cola-Bananen-Schnitten wunderbar. Da würde ich dann aber eine Schokoladeglasur darüberstreichen.

Bregenzer Schnitten

Zubereitungszeit:
1 Stunde

Backzeit:
35 Minuten bei 170 °C

Zutaten für den Teig:

500 g Mehl

300 g zerlassene Butter

3 Eidotter

1 Pkg. Vanillezucker

50 g Staubzucker

30 g Germ

3–4 EL Milch

Zutaten für die Fülle:

160 g Staubzucker

2 Eidotter

3 Rippen geriebene Schokolade

140 g geriebene Nüsse

4 Eiklar

Marmelade

Mandelblättchen oder grob gehackte Nüsse

1 Für den Teig Germ in lauwarmer Milch auflösen und Butter zerlassen. Mehl, Vanillezucker, Staubzucker vermischen und mit den anderen Zutaten mit einem Knethaken zu einem seidigen Teig kneten (muss sich vom Rand lösen).
Eine halbe Stunde kühl rasten lassen.

2 Für die Fülle Eidotter und Staubzucker schaumig rühren. Nüsse und Schokolade mit dem steif geschlagenen Eiklar unterheben.

3 Den Teig in 3 Teile teilen. Den ersten Teil auswalken, auf ein befettetes, bemehltes Backblech legen und mit Fülle bestreichen. Den zweiten Teil auswalken, darauf legen und mit Marmelade bestreichen. Den dritten Teil auswalken, Streifen schneiden und damit ein Gitter legen. Mit Eiklar bestreichen und mit Mandelblättchen oder grob gehackten Nüssen bestreuen.

4 Im vorgeheizten Backrohr bei 170 °C etwa 35 Minuten backen.

Burgenländer Schnitten

1 Eier trennen. Eidotter, Staubzucker, Vanillezucker und Wasser sehr schaumig rühren. Eiklar mit Kristallzucker zu steifem Schnee schlagen und mit dem mit Backpulver vermischten Mehl unter die Dottermasse heben.

2 Den Teig auf ein mit Backpapier belegtes Backblech streichen und im vorgeheizten Backrohr bei 180 °C etwa 20 Minuten backen.

3 Für die Creme von der Milch 8 EL entnehmen und Puddingpulver darin verrühren. Den Rest der Milch mit 1 EL Kristallzucker (darauf verstreuen und nicht umrühren) zum Kochen bringen, Puddingpulver einrühren und verdicken lassen.
Butter, Staubzucker, Vanillezucker schaumig rühren, erweichte abgekühlte Schokolade mit dem abgekühlten Pudding löffelweise einrühren.

4 Für die Tränke Rum erhitzen und Kristallzucker darin auflösen. Den ausgekühlten Teigboden der Länge nach 2-mal durchschneiden (ergibt 3 Streifen mit etwa 10 x 40 cm) und mit Rum beträufeln. Den ersten Teigstreifen mit Creme bestreichen, den zweiten Teigstreifen darauf geben, wieder mit Creme bestreichen, den dritten Teigstreifen darauf geben – oben und seitlich mit Creme bestreichen und mit Schokoladeflocken bestreuen.

Zubereitungszeit:
40 Minuten

Backzeit:
20 Minuten bei 180 °C

Masse für ein Backblech

Zutaten für den Teig:

6 Eier

6 EL warmes Wasser

80 g Staubzucker

1 Pkg. Vanillezucker

80 g Kristallzucker

140 g Mehl

1 Msp. Backpulver

Zutaten für die Creme:

1/2 l Milch

1 Pkg. Vanillepuddingpulver

1 EL Kristallzucker

2 Pkg. Vanillezucker

150 g erweichte Kochschokolade

200 g Butter

120 g Staubzucker

10 EL Rum

40 g Kristallzucker

Schokoladeflocken

Böhmische Kleckselschnitten

Zubereitungszeit:
80 Minuten

Backzeit:
14 Minuten bei 220 °C (unterste Schiene)
8 Minuten bei 200 °C (mittlere Schiene)

Masse für ein Backblech

Zutaten für den Teig:
350 g Mehl
100 g weiche Butter
70 g Staubzucker
1 Ei
1 Eidotter
weniger als 1/4 l Milch
Prise Salz
30 g Germ

Zutaten für ersten Belag:
1 Pkg. fertige Mohnfülle

Zutaten für zweiten Belag:
1 Pkg. fertige Nussfülle

Zutaten für dritten Belag:
200 g Topfen
60 g Staubzucker
1 Eidotter
Zitronenschale

Zutaten für vierten Belag:
400 g Apfelmus
etwas Zimt
1 Pkg. Vanillepudding-pulver

Zutaten für den fünften Belag:
250 g Powidl-marmelade

Zutaten für den Streusel:
200 g griffiges Mehl
140 g Butter
120 g Staubzucker
1 Pkg. Vanillezucker

1 Germ in lauwarmer Milch auflösen und mit den anderen Zutaten zu einem weichen, geschmeidigen Germteig abschlagen, bis er sich vom Gefäß löst. Den Teig bis zur doppelten Größe gehen lassen, auswalken und auf ein befettetes, bemehltes Backblech legen. Nochmals kurz gehen lassen.

2 Den ersten und den zweiten Belag laut Packungsanleitung zubereiten. Für den dritten Belag die Zutaten miteinander gut abrühren. Für den vierten Belag das Apfelmus mit dem Zimt und dem Puddingpulver einmal aufkochen. Die Powidlmarmelade gleich aus dem Glas verwenden.

3 Mehl, Butter und Staubzucker mit den Fingern zu groben Streuseln verbröseln.

4 Den Teig auf dem Blech mit den 5 Belägen immer abwechselnd „bekleckseln“. Zum Schluss die Streusel über dem Ganzen verteilen.

5 Im vorgeheizten Backrohr (Ober/Unterhitze) auf unterster Schiene bei 220 °C etwa 14 Minuten (Ränder sollen leicht braun sein) backen. Dann auf oberster Schiene bei 200 °C noch etwa 8 Minuten fertig backen.

Cola-Bananen-Schnitten

Zubereitungszeit:
45 Minuten

Backzeit:
25 Minuten bei 160 °C

Masse für ein Backblech (Tortenform mit 26 cm Durchmesser)

Zutaten für den Teig:

200 g Staubzucker
1 Pkg. Vanillezucker
220 g Mehl
2 TL Backpulver
4 EL Kakaopulver
4 Eier
Orangenschale oder 1/2 Pkg. fertig gekaufte Orangenfrucht
1/8 l Öl
1/8 l Orangensaft
1/8 l Cola

Zutaten für die Creme:

250 g Mascarpone
100 g Staubzucker
1 Pkg. Vanillezucker
1/4 l Vanillejoghurt
1/4 l Schlagobers
2 große Bananen
7 Blatt Gelatine
3 EL Rum

Marmelade
Schokoladeglasur

1 In einer großen Schüssel (etwa 30 cm Durchmesser und 15 cm hoch) alle trockenen Zutaten mit dem Schneebesen fein vermischen. Alle anderen Zutaten dazugeben, mit dem Schneebesen gut verrühren und kräftig hin und herschlagen.

2 Den Teig auf ein befettetes, bemehltes Backblech streichen und im vorgeheizten Backrohr bei 160 °C etwa 25 Minuten backen.

3 Für die Creme Mascarpone, Staubzucker, Vanillezucker und Joghurt gut verrühren. Bananen mit dem Mixstab pürieren und mit dem steif geschlagenen Schlagobers in die Mascarponemasse einrühren. Gelatine in Wasser einweichen, im erwärmten Rum auflösen und ebenfalls einrühren.

4 Den erkalteten Kuchen mit Marmelade und mit Creme bestreichen. Wenn die Creme etwas „angezogen" hat, mit Schokoladeglasur bestreichen und kühl stellen.

Tipp

Dieser Kuchen schmeckt auch ohne Bananencreme, nur mit Marmelade und Schokoladeglasur bestrichen, sehr gut. Auch für eine Torte eignet sich dieser flotte Teig, beachten Sie aber die längere Backzeit!

Dany-Frucht-Schnitten

1 Eier trennen. Eidotter mit Feinkristallzucker und Vanillezucker sehr schaumig schlagen (Masse muss ganz hell und mindestens 3 x so viel werden). Mehl mit Puddingpulver vermischen und vorsichtig einrühren. Eiklar zu steifem Schnee schlagen und unterheben.

2 Den Teig auf ein befettetes, bemehltes Backblech streichen (oder auch auf Backpapier) und im vorgeheizten Backrohr bei 190 °C etwa 15 Minuten backen.

3 Früchte (z. B. Pfirsiche, Mandarinen aus der Dose oder Bananen, Erdbeeren) abtropfen lassen und evtl. schneiden. Den ausgekühlten Teigboden mit Marmelade bestreichen und eng mit den Früchten belegen.

4 Schlagobers steif schlagen, Dany & Sahne mit Instantgelatine gut verrühren, unter das Schlagobers rühren, auf den Früchten mit einem Löffel verteilen und mit einer Teigspachtel glatt verstreichen. Mit Schokoladeflocken (oder auch Kokosett) bestreuen.

Tipp

Verstreichen Sie die Teige und Cremen immer mit einer Palette oder Teigspachtel. Besonders der Biskuitteig bleibt so, wie Sie ihn auftragen.

Zubereitungszeit:
35 Minuten

Backzeit:
15 Minuten bei 190 °C

Masse für ein Backblech

Zutaten für den Teig:

5 Eier

150 g Feinkristallzucker

1 Pkg. Vanillezucker

110 g Mehl

1 Pkg. Vanille- oder Schokoladepuddingpulver

Zutaten für den Belag:

3/8 l Schlagobers

2 Becher Dany & Sahne (wählen Sie Ihren Lieblingsgeschmack)

2 Pkg. Instantgelatine

Marmelade zum Bestreichen

Dosenfrüchte oder frische Früchte zum Belegen

Schokoladeflocken

Dinkel-Apfel-Schnitten

Zubereitungszeit:
1 Stunde

Backzeit
30 Minuten bei 180 °C
15 Minuten bei 160 °C

Masse für ein Backblech

Zutaten für den Teig:

300 g Dinkelvollmehl

300 g Butter

200 g Haselnüsse

200 g Staubzucker

1/2 Pkg. Backpulver

4 Eidotter

Zutaten für den Belag:

1 bis 1/2 kg grob geraspelte Äpfel

etwas Zimt

4 Eiklar

180 g Staubzucker

2 Blatt Gelatine

Ribiselmarmelade

1 Mehl mit kalter Butter abbröseln, mit den restlichen Zutaten einen feinen Mürbteig zubereiten und kühl rasten lassen.

2 Den Teig ausrollen, auf ein befettetes Backblech legen, mit Ribiselmarmelade bestreichen, mit grob geraspelten Äpfeln belegen und mit etwas Zimt bestreuen. Im vorgeheizten Backrohr bei 180 °C etwa 30 Minuten backen.

3 Inzwischen das Eiklar mit Staubzucker zu einer festen, cremigen Masse schlagen, die in Wasser eingeweichte Gelatine auflösen und unter die Schneemasse rühren.

4 Den Schnee auf die fast fertig gebackene Masse streichen und etwa 15 Minuten bei 160 °C fertig backen. Die Schneehaube soll „Farbe“ bekommen.

Tipp

Durch die Gelatine fällt der Schnee nicht zusammen.

Dreischicht-Schnitten

Zubereitungszeit:
1 Stunde

Backzeit:
35 Minuten bei 180 °C

Masse für ein Backblech

Zutaten für den ersten Teig:

160 g Butter

150 g geriebene Nüsse

150 g Staubzucker

1 Pkg. Vanillezucker

4 Eidotter

70 g Mehl

1 TL Backpulver

Zutaten für den zweiten Teig:

6 Eiklar

120 g Kristallzucker

2 EL Öl

70 g Mehl

1 EL Kakaopulver

Zutaten für den dritten Teig:

5 Eier

80 g Staubzucker

80 g Mehl

1 TL Backpulver

1. Für den ersten Teig Butter, Staubzucker und Vanillezucker schaumig rühren. Nach und nach Dotter dazugeben. Mehl mit Nüssen und Backpulver vermischen und unterrühren.
2. Für den zweiten Teig Schnee schlagen und mit Zucker aufschlagen. Öl und Mehl unterheben.
3. Für den dritten Teig die Eier trennen. Eidotter mit Staubzucker schaumig rühren. Mehl mit Backpulver vermischen und mit dem steif geschlagenen Eischnee unter die Dottermasse heben.
4. Backblech befetten und bemehlen und die 3 Teige nacheinander aufstreichen.
5. Im vorgeheizten Backrohr bei 180 °C etwa 35 Minuten backen.

Tipp

Wenn Sie zwischen erstem und zweitem Teig löffelweise etwas weiche passierte Ribiselmarmelade verteilen und verstreichen, „erfrischt" das die Schnitten.

Egerländer Obstschnitten

Zubereitungszeit:
1 Stunde

Backzeit:
35 Minuten bei 160 °C
Masse für ein Backblech

Zutaten für den Teig:
150 g weiche Butter
150 g Staubzucker
1 Pkg. Vanillezucker
3 Eier
3 EL Rahm oder Schlagobers
200 g Mehl
1/2 Pkg. Backpulver

Zutaten für die Topfenmasse:
300 g Topfen
200 g Staubzucker
1 Pkg. Vanillezucker
3 Eidotter
100 g zerlassene Butter
3 Eiklar

etwa 500 g geschnittenes Obst (oder Früchtemix-Dose)

Zutaten für den Streusel:
150 g Mehl
70 g weiche Butter
80 g Staubzucker

1 Eier trennen. Butter mit Staubzucker und Vanillezucker schaumig rühren. Rahm einrühren. Eiklar zu steifem Schnee schlagen und mit dem mit Backpulver versiebten Mehl unterheben.

2 Den Teig auf ein befettetes, bemehltes Backblech streichen.

3 Für die Topfenmasse Eidotter, Staubzucker und Vanillezucker schaumig rühren, mit dem Topfen, der zerlassenen Butter verrühren und den steif geschlagenen Schnee unterheben. Die Topfenmasse mit einem Löffel auf dem Teig verteilen, verstreichen und mit klein geschnittenen Früchten belegen.

4 Für die Streusel alle Zutaten mit den Fingern gut verbröseln und über die Früchte verteilen.

5 Im vorgeheizten Backrohr bei 160 °C etwa 35 Minuten backen.

Erdäpfel-Schnitten

Zubereitungszeit:
50 Minuten

Backzeit:
30 Minuten bei 170 °C

Masse für ein Backblech

Zutaten:

250 g mehlige, gekochte Erdäpfel

150 g weiche Butter

100 g Staubzucker

1 Pkg. Vanillezucker

Prise Salz

1 gestr. TL Zimt

1 TL Zitronenschale

7 Eier

120 g Kristallzucker

120 g Mehl

1 TL Backpulver

200 g geriebene Mandeln

Zutaten für die Glasur:

1 Eiklar

150 g Staubzucker

2 EL Kakao

3–4 EL Rum

1 Die gekochten, kalten Erdäpfel reiben oder durch eine Erdäpfelpresse drücken.

2 Eier trennen. Butter, Salz, Staubzucker, Vanillezucker, Zitronenschale, Zimt cremig rühren, mit den geriebenen Erdäpfeln weiterrühren, nach und nach die Eidotter einrühren.

3 Eiklar aufschlagen und mit dem Kristallzucker zu steifem Schnee schlagen. Mehl, Backpulver und Mandeln vermischen und mit dem Eischnee vorsichtig unterheben.

4 Den Teig auf ein befettetes, bemehltes Backblech streichen und im vorgeheizten Backrohr bei 170 °C etwa 30 Minuten backen.

5 Für die Glasur alle Zutaten gut miteinander verrühren und auf die erkalteten Schnitten streichen.

Erdbeer-Baiser-Schnitten

Zubereitungszeit:
35 Minuten

Backzeit:
15 Minuten bei 170 °C
mit Schneehaube nochmals etwa 6 Minuten

Masse für ein Backblech

Zutaten für den Teig:

280 g Butter

450 g Mehl

2 TL Backpulver

2 EL Rahm

4 Eidotter

Zutaten für den Belag:

etwa 1 kg feste kleine Erdbeeren

Zutaten für das Baiser:

4 Eiklar

250 g Staubzucker

Erdbeermarmelade

1 Aus den Zutaten rasch einen Teig kneten, den Teig dann eine halbe Stunde kühl rasten lassen.

2 Den Teig etwa 1/2 cm dick ausrollen und auf ein befettetes, bemehltes Backblech legen und bei 170 °C etwa 15 Minuten hell backen.

3 Für die Schneehaube Eiklar schlagen und mit Staubzucker steif aufschlagen.

4 Den Teigboden mit Marmelade bestreichen, mit Erdbeeren belegen und den Eischnee löffelweise darüber verteilen und verstreichen.

5 Nochmals ins Backrohr stellen und die Schneehaube etwa 6 Minuten bräunen.

Tipp

Für diese Schnitten können Sie auch Heidelbeeren oder Ribiseln verwenden.

Erdbeertraum-Schnitten

Zubereitungszeit:
1 Stunde

Backzeit:
20 Minuten bei 180 °C
8 Minuten bei 180 °C

Masse für 1 Backblech

Zutaten für den Teig:

100 g weiche Butter
100 g Staubzucker
1 Pkg. Vanillezucker
5 Eidotter
200 g Mehl
1/2 Pkg. Backpulver
ca. 4 EL Milch

Zutaten für Belag:

5 Eiklar
200 g Staubzucker
80 g Haselnüsse

Zutaten für die Creme:

1/2 l Joghurt
250 g Topfen
6 EL Staubzucker
1 Pkg. Vanillezucker
5 EL Zitronensaft
1/4 l Schlagobers
3/4 kg klein geschnittene Erdbeeren
9 Blatt Gelatine
etwas Rum

1 Butter mit Staubzucker und Vanillezucker schaumig rühren. Nach und nach die Eidotter unterrühren. Mehl mit Backpulver vermischen und mit der Milch einrühren. Den Teig auf ein befettetes, bemehltes Backblech streichen.

2 Eiklar aufschlagen, nach und nach Zucker dazugeben und steif schlagen. Haselnüsse unterheben. Die Schneemasse gleichmäßig auf den Teig streichen.

3 Im vorgeheizten Backrohr (untere Hälfte) bei 180 °C etwa 20 Minuten backen. Wenn der Schnee braun wird, Papier darauf legen und nochmals etwa 8 Minuten backen.

4 Für die Creme Joghurt, Topfen, Staubzucker, Vanillezucker und Zitronensaft gut verrühren. Gelatine in Wasser einweichen, ausdrücken, in erwärmtem Rum auflösen und mit dem steif geschlagenen Schlagobers unter die Joghurtmasse rühren. Die Erdbeeren unterheben.

5 Die Creme auf den erkalteten Teig streichen und etwa 2 Stunden kalt stellen.

Fruchtikus-Schnitten

Zubereitungszeit:
40 Minuten

Backzeit:
30 Minuten bei 170 °C

Masse für ein Backblech

Zutaten für den Teig:

5 Eier
250 g Staubzucker
1 Pkg. Vanillezucker
1/8 l warmes Wasser
1/8 l Öl
150 g geriebene Nüsse
100 g Mehl
50 g Semmelbrösel
1 TL Backpulver

Zutaten für den Belag:

2 Becher Crème fraîche
5 EL Gelierzucker
1/2 l Schlagobers

3 Gläschen Fruchtikus (rot)
3 EL Rum
4 Blatt Gelatine

1 Eier trennen. Eidotter mit Staubzucker und Vanillezucker sehr schaumig rühren. Nach und nach Wasser und Öl schaumig einrühren. Mehl, Nüsse, Semmelbrösel, Backpulver gut vermischen und mit dem steif geschlagenen Eischnee vorsichtig unter die Dottermasse heben.

2 Den Teig auf ein befettetes, bebröseltes Backblech streichen und im vorgeheizten Backrohr bei 170 °C etwa 30 Minuten backen.

3 Für den Belag Crème fraîche mit dem Gelierzucker abrühren, mit dem steif geschlagenen Schlagobers verrühren und auf den ausgekühlten Kuchen streichen.

4 Gelatine in Wasser einweichen, gut ausdrücken, in erwärmtem Rum auflösen und unter den pürierten Fruchtikus rühren. Die Fruchtikusmasse auf das Schlagobers streichen und einige Zeit kühl stellen.

Tipp

Statt der Fruchtikusmasse können Sie auch passierte frische oder eingefrorene Früchte (etwa 400 g) nehmen.

Fabian-Schnitten

Zubereitungszeit:
30 Minuten

Backzeit:
30 Minuten bei 170 °C

Masse für ein Backblech
(oder Tortenform mit 26 cm Durchmesser)

Zutaten:

250 g Staubzucker
1 Pkg. Vanillezucker
5 Eier
150 g Mehl
1/2 Pkg. Backpulver
gut 2 EL Kakaopulver
1/8 l Öl
1/8 l Wasser
130 g geriebene Nüsse

1/8 l Rum und
1/8 l kalter Kaffee
Staubzucker

1 Eier trennen. Eidotter mit Staubzucker und Vanillezucker lange und schaumig rühren. Öl und lauwarmes Wasser löffelweise beigeben und schaumig einrühren.
Eiklar zu festem Schnee schlagen. Mehl mit Kakaopulver und Backpulver vermischen und abwechselnd mit den Nüssen und dem Eischnee unterheben.

2 Den Teig auf ein befettetes, bemehltes Backblech streichen und im vorgeheizten Backrohr bei 170 °C etwa 30 Minuten backen.

3 Die erkalteten Schnitten mit der Rum-Kaffee-Mischung löffelweise tränken und mit Staubzucker bestreuen.
Mit Schlagobers servieren.

Tipp

Statt Rum und Kaffee zum Tränken können Sie auch Marillenmarmelade mit Rum verrühren, aufstreichen und mit Schokoladeglasur bestreichen. Sie können daraus auch eine sehr gute Torte machen – beachten Sie aber die längere Backzeit!

Gewürzschnitten

Zubereitungszeit:
30 Minuten

Backzeit:
30 Minuten bei 180 °C

Masse für ein Backblech

Zutaten:

180 g Butter

300 g Staubzucker

1 Pkg. Vanillezucker

5 Eier

1 1/2 Pkg. Nuss-puddingpulver (oder Schokolade)

300 g Mehl

1/2 Pkg. Backpulver

150 g geriebene Schokolade

100 g geriebene Nüsse

2 TL Lebkuchengewürz

1 gestr. TL Zimt

Zitronenschale

1/4 l Milch

Schokolade- oder Rumglasur

1 Eier trennen. Butter, Staubzucker, Vanillezucker und Eidotter sehr schaumig rühren. Zuerst Mehl mit Backpulver, dann Puddingpulver, Gewürze, Nüsse und Schokolade gut vermischen und zusammen mit der Milch in die Eidottermasse rühren. Eiklar zu steifem Schnee schlagen und vorsichtig unterheben.

2 Den Teig auf ein befettetes, bemehltes Backblech streichen und bei 180 °C etwa 30 Minuten backen.

3 Auf den lauwarmen Kuchen die gewünschte Glasur aufstreichen.

Tipp

Verwenden Sie zum Rühren von Zuckerglasuren keinen Schneebesen. Die Glasur bekommt sonst kleine Bläschen und nach dem Erstarren bilden sich kleine Löchlein auf der Oberfläche.

Giotto-Schnitten

Zubereitungszeit:
50 Minuten

Backzeit:
30 Minuten bei 160 °C

Zutaten für den Teig:

180 g weiche Butter

200 g Staubzucker

1 Pkg. Vanillezucker

5 Eier

250 g Haselnüsse

1 EL Rum

80 g Mehl

2 TL Backpulver

Zutaten für die Creme:

72 Stk. Giottokugeln (2 Packungen zu je 36 Stück) (ital. Gebäck von Ferrero)

1/4 l Schlagobers

120 g Kochschokolade

3/8 l Schlagobers

1 Pkg. Vanillezucker

2 Pkg. Sahnesteif

geröstete Haselnüsse oder Mandelblättchen

Marillenmarmelade

1 Butter, Staubzucker, Vanillezucker schaumig rühren. Eier nach und nach einrühren. Haselnüsse, Mehl, Backpulver vermischen und mit dem Rum in die Butter-Eier-Masse rühren. Solange rühren, bis die Masse ganz hell und schaumig ist.

2 Den Teig auf ein mit Backtrennpapier ausgelegtes Backblech streichen und im vorgeheizten Backrohr bei 160 °C etwa 30 Minuten backen.

3 1/4 l Schlagobers einmal aufkochen lassen. 20 Stück Giottokugeln in der Packung gut zerdrücken und zusammen mit dem Vanillezucker und der zerkleinerten Kochschokolade in das Schlagobers einrühren.
Die Masse kalt werden lassen. 24 Stück Giottokugeln in der Packung gut zerdrücken und in 3/8 l mit 2 Pkg. Sahnesteif geschlagenes Schlagobers einrühren.
Die erkaltete Schokolademasse gut aufschlagen und mit dem geschlagenen Schlagobers vermischen.

4 Den ausgekühlten Teig mit Marillenmarmelade und der Giottocreme bestreichen. Mit Mandelblättchen oder gerösteten Haselnüssen bestreuen und den restlichen Giottokugeln belegen.

Tipp

Wenn Sie eine Hälfte der Schnitten mit Creme bestreichen, sie dann mittig durchschneiden und die zweite Hälfte mit Hilfe des Backpapiers darauf klappen, haben Sie schöne, hohe Schnitten. Lassen Sie von der hellen Schlagoberscreme einen Teil übrig und streichen Sie diese dann oben auf die Schnitten.

Grazer Creme-Schnitten

Zubereitungszeit:
50 Minuten

Backzeit:
20 Minuten bei 180 °C

Masse für ein Backblech (wird gedrittelt)

Zutaten für den Teig:

6 Eiklar

240 g Staubzucker

2 EL Zitronensaft

Prise Salz

260 g geriebene Nüsse

Zutaten für die Creme:

3 geh. TL Vanillepuddingpulver

1/8 l Milch

1 Pkg. Vanillezucker

130 g Staubzucker

2 EL Kirschwasser oder Eierlikör

150 g Butter

5 Eidotter

grob geriebene Mandeln oder Haselnusskrokant

1 Eiklar mit einer Prise Salz schaumig schlagen. Zitronensaft und löffelweise Staubzucker beigeben und weiter zu zähem, festem Schnee schlagen. Haselnüsse unterheben.

2 Die Masse auf ein mit Backpapier ausgelegtes Backblech streichen und im vorgeheizten Backrohr bei 180 °C etwa 20 Minuten backen.

3 Nach dem Backen auf eine mit Staubzucker bestreute Arbeitsfläche stürzen, das Papier abziehen und auskühlen lassen.

4 Für die Creme das Vanillepuddingpulver mit der Milch verrühren, Eidotter, Vanillezucker und Staubzucker gut einrühren und über heißem Wasserdampf so lange schlagen, bis eine dickcremige Masse entsteht. Butter schaumig rühren, die gut ausgekühlte Dottermasse nach und nach mit dem Kirschwasser oder Eierlikör einrühren und wieder schaumig aufschlagen.

5 Die Schnitten der Länge nach in 3 gleich große Teile schneiden (etwa 40 x 10 cm). Den ersten Teil mit Creme (3 Teile teilen) bestreichen, zweiten Boden darauf legen, wieder mit Creme bestreichen und dritten Boden darauf legen. Nun den Rest der Creme seitlich und obenauf verstreichen. Mit grob geriebenen Mandeln oder Haselnusskrokant bestreuen. Einige Zeit in den Kühlschrank stellen.

Heidelbeer-Schnitten

Zubereitungszeit:
35 Minuten

Backzeit:
30 Minuten bei 175 °C

Masse für ein Backblech

Zutaten für den Teig:

4 Eier

200 g Staubzucker

200 g weiche Butter

1 Pkg. Vanillezucker

200 g Mehl

140 g Maisstärke

1 Pkg. Backpulver

1/8 l Eierlikör

3 EL Rahm

Zutaten für den Belag:

80 g Butter

150 g Mandelblättchen

100 g Staubzucker

1 Pkg. Vanillezucker

1/16 l Schlagobers

400 g frische oder gefrorene Heidelbeeren

1 Für den Belag Butter, Schlagobers, Mandelblättchen, Staubzucker und Vanillezucker in einem Topf einmal aufkochen und abkühlen lassen.

2 Für den Teig Eier trennen. Butter, Staubzucker und Vanillezucker schaumig rühren. Nach und nach Eidotter einrühren und schaumig weiterrühren. Mehl, Maisstärke und Backpulver gut vermischen und abwechselnd mit dem Rahm und dem Eierlikör unterrühren. Eiklar zu steifem Schnee schlagen und unterheben.

3 Den Teig auf ein befettetes, bemehltes Backblech streichen, Heidelbeeren darüberstreuen und die Mandelmasse mit dem Löffel darauf verteilen. Im vorgeheizten Backrohr bei 175 °C etwa 30 Minuten backen.

Tipp

Sie können natürlich auch Brombeeren, Ribisel etc. nehmen. Es ist auch kein Problem, wenn Sie die Mandelmasse weglassen und nur mit Staubzucker bestreuen.

Holunder-Schnitten

Zubereitungszeit:
45 Minuten

Backzeit:
15 Minuten bei 190 °C

Masse für ein Backblech

Zutaten für den Teig:

125 g Staubzucker
1 Pkg. Vanillezucker
1 Prise Salz
Zitronenschale
5 Eier
100 g Mehl
85 g Maizena
1 gestr. TL Backpulver
6 EL Öl

Zutaten für die Creme:

1/4 l Joghurt
250 g Topfen
80 g Staubzucker
1/4 l Holundersirup
5 EL Holundersirup
1/2 l Schlagobers
12 Blatt Gelatine

Ribiselmarmelade

1 Eier trennen. Eidotter, Staubzucker, Salz, Vanillezucker und Zitronenschale mindestens 10 Minuten schaumig rühren. Öl schaumig einrühren. Mehl und Maizena mit Backpulver vermischen und mit dem zu steifem Eischnee geschlagenen Eiklar unterheben.

2 Den Teig auf ein befettetes, bemehltes Backblech streichen und im vorgeheizten Backrohr bei 190 °C etwa 15 Minuten backen.

3 Für die Creme Holundersirup, Joghurt, Topfen und Staubzucker glatt rühren. Gelatine in Wasser einweichen, gut ausdrücken, in 5 EL warmem Holundersirup auflösen und mit der Holunder-Joghurt-Masse verrühren. Nun das steif geschlagene Schlagobers unterheben.

4 Den ausgekühlten Kuchen mit Ribiselmarmelade bestreichen und die Holundercreme darauf geben, glatt streichen und einige Stunden kalt stellen.

Tipp

Statt des Holunderblütensirups können Sie jede andere Art von Sirup verwenden z. B. Waldbeerensirup.
Dann evtl. auch frische Beeren untermischen oder oben darauflegen.

Honig-Obers-Schnitten

Zubereitungszeit:
50 Minuten

Backzeit:
20 Minuten bei 170 °C

Masse für ein Backblech (wird geteilt)

Zutaten für den Teig:

8 Eier

120 g Honig

140 g Vollweizenmehl

3 gestr. EL Kakaopulver

4 EL Öl

Zutaten für die Creme:

3/8 l Schlagobers

3 EL Honig

1 EL Kakaopulver

1 Pkg. Sahnesteif

Zutaten zum Tränken:

1/8 l Wasser

2 EL Honig

Saft einer Orange

Schokoladeflocken

1 Eier trennen. Eidotter mit halber Honigmenge sehr schaumig rühren. Das Eiklar steif schlagen, mit dem restlichen Honig fertig schlagen und in die Dottermasse heben. Mehl mit Kakao gut vermischen und langsam unter die Masse ziehen. Das Öl zuletzt vorsichtig einrühren.

2 Die Masse auf ein mit Backpapier belegtes Backblech streichen und im vorgeheizten Backrohr bei 170 °C etwa 20 Minuten backen.

3 Zum Tränken das Wasser erwärmen, mit dem Honig und dem Orangensaft verrühren. Mit einem EL über die Schnitten verteilen. Nach dem Auskühlen die Schnitten halbieren.

4 Für die Creme den Honig leicht erwärmen und gut mit dem Kakao verrühren. Schlagobers mit Sahnesteif aufschlagen und den kalten Honigsirup einrühren. Die Hälfte der Oberscreme auf die eine Hälfte der Schnitten streichen. Mit Hilfe des Backpapiers die zweite Hälfte darauf legen und leicht andrücken. Den Rest der Oberscreme obenauf streichen und mit Schokoladeflocken bestreuen.

Jonas-Schnitten

Zubereitungszeit:
45 Minuten

Backzeit:
50 Minuten bei 160 °C

Masse für ein Backblech

Zutaten für den Teig:

250 g Mehl

150 g Butter

60 g Staubzucker

1 Pkg. Vanillezucker

80 g geriebene Kochschokolade

etwas Salz

80 g geriebene Mandeln

2 Eidotter

1 Msp. Backpulver

Zutaten für den Belag:

2 Pkg. Vanillepuddingpulver

200 g Staub- oder Kristallzucker

1/2 l Milch

3/4 l Rahm

2 Eiklar

4 Dosen (je 300 g) Mandarinen

2 Pkg. Tortengelee

1 Aus den Zutaten rasch einen Mürbteig kneten und eine halbe Stunde kühl rasten lassen. Den Teig auswalken und auf ein befettetes, bebröseltes Backblech legen (auf das Nudelholz aufrollen und über dem Blech entrollen).

2 Für den Belag Milch (Zucker gleich hineingeben) mit dem in etwas Milch verrührten Vanillepuddingpulver aufkochen lassen. Unter mehrmaligem Umrühren mit dem Schneebesen abkühlen lassen. Eiklar zu steifem Schnee schlagen und mit dem Rahm unter den Vanillepudding rühren.

3 Die Rahmpudding-Masse auf den Teig streichen, mit Mandarinen belegen und bei 160 °C etwa 50 Minuten backen.

4 Nach dem Auskühlen Tortengelee nach Vorschrift mit Mandarinensaft herstellen und die Schnitten damit überziehen.

Zubereitungszeit:
45 Minuten

Backzeit:
30 Minuten bei 170 °C

Masse für ein Backblech (oder Torte mit 26 cm Durchmesser)

Zutaten für den Teig:

180 g Kristallzucker
6 Eier
Prise Salz
100 g geriebene Mandeln
80 g griffiges Mehl
50 g Maisstärke
1 Msp. Backpulver
120 g geriebene Kochschokolade
100 g zerlassene Butter

Zutaten für die Creme:

500 g Mascarino (Mascarpone)
2 EL Instantpulverkaffee
4 EL warmes Wasser oder Kaffee
70 g Staubzucker
1/2 l Schlagobers
7 Blatt Gelatine

Zutaten zum Tränken:

1/8 l Rum
1/16 l Wasser
1 EL Instantpulverkaffee
2 EL Staubzucker

Cappuccinopulver
Kaffeebohnen

Kaffee-Mousse-Schnitten

1 Eier trennen. Butter und Schokolade miteinander langsam zergehen lassen und abkühlen.
Eiklar mit Salz und Kristallzucker zu sehr steifem Schnee schlagen. Eidotter nach und nach in die Schneemasse einrühren. Mehl, Backpulver, Maisstärke und Mandeln gut vermischen und mit der verrührten, zerlassenen „Butterschokolade" unterheben.

2 Die Masse auf ein befettetes, bemehltes Backblech streichen und im vorgeheizten Backrohr bei 170 °C etwa 30 Minuten backen.

3 Für die Tränke alle Zutaten gut verrühren, die etwas abgekühlten Schnitten damit beträufeln und so einige Zeit stehen lassen. Evtl. mit Folie abdecken.

4 Für die Creme Mascarino (hat weniger Fett als Mascarpone) mit Staubzucker und den in etwas warmem Wasser aufgelösten Instantpulverkaffee gut verrühren. Schlagobers schlagen, Gelatine in Wasser einweichen, gut ausdrücken und in erwärmtem Kaffee auflösen. Schlagobers und Gelatine in die Mascarinocreme einrühren und auf den kalten Kuchen streichen. Mit Cappuccinopulver bestreuen und mit süßen Kaffeebohnen verzieren.

Kardinalschnitten

Zubereitungszeit:
50 Minuten

Backzeit:
10 Minuten bei 180 °C
10 Minuten bei 140 °C
10 Minuten auskühlen

Masse für 2 Streifen
etwa 15 x 35 cm

Zutaten für den ersten Teig:

1 Ei

3 Eidotter

50 g Staubzucker

1 Pkg. Vanillezucker

50 g griffiges Mehl

Zutaten für den zweiten Teig:

4 Eiklar

100 g Kristallzucker

Zutaten für die Creme:

1/2 l Schlagobers

80 g Staubzucker

1 EL Löskaffee

2 Pkg. Sahnesteif
(oder 3 Blatt Gelatine)

1. Für den ersten Teig Eidotter, ganzes Ei, Staubzucker und Vanillezucker sehr schaumig rühren. Das Mehl unterheben.
2. Für den zweiten Teig Eiklar zu steifem Schnee schlagen und mit Kristallzucker ausschlagen.
3. Auf 2 Backpapierstreifen, die leicht eingeölt wurden, werden je 3 Streifen mit Eischnee und dazwischen je zwei Streifen mit Biskuit – mit Hilfe einer Spritztülle – aufgespritzt.
4. Im vorgeheizten Backrohr bei 180 °C etwa 10 Minuten anbacken, dann bei 140 °C etwa 10 Minuten weiterbacken, ausschalten und nochmals etwa 10 Minuten im Rohr „auskühlen“ lassen.
5. Für die Creme Schlagobers mit Staubzucker steif schlagen. Löskaffee in 2 EL warmem Kaffee auflösen und die in Wasser eingeweichte, gut ausgedrückte Gelatine ebenfalls darin auflösen. Kaffee-Gelatine-Masse in das Schlagobers einrühren.
6. Kaffeecreme auf einen Streifen streichen und den zweiten Streifen darauf legen. Mit Staubzucker bestreuen.

Tipp

Sie können auch statt der Gelatine 2 Pkg. Sahnesteif nehmen.

Kirschen-Gelee-Schnitten

Zubereitungszeit:
35 Minuten

Backzeit:
25 Minuten bei 180 °C

Masse für ein Backblech

Zutaten für den Teig:

1 Becher (150 g) Kirschenjogurella

180 g Staubzucker

1 Pkg. Vanillezucker

3 Eier

300 g Mehl

1 Pkg. Backpulver

5 EL Rum

18 EL Öl

700 g Kirschen- oder Weichselkompott frisch oder aus dem Glas (den Saft auffangen)

Zutaten für den Geleeguss:

2 Pkg. Tortengelee (evtl. rot)

1/4 l Kirschensaft

1/8 l Wasser

2 Becher (300 g) Kirschenjogurella

5 EL Kristallzucker

1 Aus Kirschen oder Weichseln Kompott machen, entkernen und in einem Sieb abtropfen lassen – den Saft auffangen.

2 Für den Teig Öl, Rum, Staubzucker, Vanillezucker, Eier mit Jogurella mit einem Schneebesen kurz verrühren. Mehl mit Backpulver vermischen und in die Jogurellamasse etwa 1 Minute mit Handmixer oder Schneebesen einrühren.

3 Den Teig auf ein befettetes, bemehltes Backblech streichen, mit Kirschen belegen und im vorgeheizten Backrohr bei 180 °C etwa 25 Minuten backen.

4 Für den Guss das Tortengelee mit 5 EL Zucker, 1/8 l Wasser und 1/4 l Kirschensaft anrühren, zum Kochen bringen und 1 Minute schwach kochen lassen. Joghurt in das heiße Gelee einrühren und auf den erkalteten Kuchen streichen.

Keksbrösel-Schnitten

Zubereitungszeit:
40 Minuten

Backzeit:
35 Minuten bei 180 °C

Masse für ein Backblech

Zutaten für den Teig:

340 g Staubzucker

2 Pkg. Vanillezucker

5 Eier

4 EL Mehl

2 TL Backpulver

1 EL Kakaopulver

1 1/2 TL Zimt

250 g Keksbrösel (aus Butterkeksen oder dem Rest der Weihnachtsbäckerei)

250 g geriebene Nüsse

1/4 l Milch

3 EL Rum

Zitronenschale und -saft

erwärmte Marillenmarmelade

Zutaten für die Glasur:

300 g Staubzucker

2 EL Zitronensaft

3 EL Rum

1 Keksbrösel in einem Nylonsackerl mit dem Fleischklopfer zerkleinern, anschließend noch zwischen den Händen „zermahlen".

2 Eier trennen. 5 EL Milch entnehmen und mit Staubzucker, Vanillezucker und den Eidottern schaumig rühren. Mehl, Backpulver, Zimt, Zitronenschale, Kakao, Keksbrösel und Nüsse gut vermischen und mit Rum und Milch in den Dotterabtrieb einrühren. Eiklar zu steifem Schnee schlagen und unterheben.

3 Den Teig auf ein befettetes, bebröseltes Backblech streichen und im vorgeheizten Backrohr bei 180 °C etwa 35 Minuten backen.

4 Für die Glasur Staubzucker, Zitronensaft und Rum gut verrühren. Den ausgekühlten Kuchen mit warmer Marillenmarmelade und Glasur bestreichen.

Kokosschnitten

Zubereitungszeit:
20 Minuten

Backzeit:
30 Minuten bei 170 °C

Masse für ein Backblech

Zutaten:

120 g weiche Butter

4 Eier

180 g Staubzucker

1 Pkg. Vanillezucker

280 g Mehl

1 Pkg. Schokolade-puddingpulver

1/2 Pkg. Backpulver

100 g Kokosett

80 g geschnittene Rosinen

12 EL Kokosmilch (falls zur Hand, sonst normale Milch)

Marmelade (evtl. Waldbeeren)

Kokosett

1 Eier trennen. Butter schaumig rühren, Staubzucker, Vanillezucker und nach und nach Eidotter schaumig einrühren. Mehl, Puddingpulver und Backpulver vermischen und mit der Milch hinzufügen. Kokosett und Rosinen mit dem steif geschlagenen Eischnee vorsichtig unterheben.

2 Den Teig auf ein befettetes, bemehltes Backblech streichen und bei 180 °C etwa 30 Minuten backen.

3 Nach dem Backen mit warmer Marmelade – evtl. mit Rum verrühren – 2 mm dick bestreichen und mit Kokosett bestreuen.

Kürbiskernschnitten

Zubereitungszeit:
50 Minuten

Backzeit:
30 Minuten bei 180 °C

Masse für ein Backblech

Zutaten für den Teig:

7 Eier

140 g Staubzucker

1 Pkg. Vanillezucker

140 g geriebene Schokolade

140 g geriebene Kürbiskerne

4 EL Rum

100 g Mehl

3 KL Backpulver

60 g zerlassene Butter

Zutaten für die Creme:

80 g Kristallzucker

140 g geriebene Kürbiskerne

gut 1/8 l Milch

400 g weiße Schokolade (Kuvertüre)

3 Eier

60 g Kristallzucker

10 Blatt Gelatine

1/2 l Schlagobers

Ribiselmarmelade

1 Eier trennen. Eidotter, Staubzucker, Vanillezucker und zerlassene, abgekühlte Butter schaumig rühren. Mehl, Backpulver, Schokolade und Kürbiskerne vermischen und mit dem Rum in die Eidottermasse einrühren. Eiklar zu steifem Schnee schlagen und unterheben.

2 Den Teig auf ein befettetes, bemehltes Backblech streichen und im vorgeheizten Backrohr bei 180 °C etwa 30 Minuten backen.

3 Für die Creme Kristallzucker mit den geriebenen Kürbiskernen etwas rösten.
Milch aufkochen und die klein gehackte Schokolade darin verrühren, bis sie sich aufgelöst hat – und kalt rühren. Eier mit Kristallzucker über einem warmen (nicht heißen) Wasserbad cremig schlagen. Die in Wasser eingeweichte Gelatine gut ausdrücken, in der warmen Eiercreme auflösen und mit der Schokolademischung verrühren. Das fest geschlagene Schlagobers mit den Kürbiskernen unterheben.

4 Den erkalteten Teigboden mit Marmelade und Creme bestreichen und mit geriebenem Kürbis bestreuen.

Lena-Schnitten

Zubereitungszeit:
30 Minuten

Backzeit:
35 Minuten bei 170 °C

Masse für ein Backblech

Zutaten für den Teig:

200 g weiche Butter
200 g Staubzucker
1 Pkg. Vanillezucker
5 Eidotter
300 g Mehl
2 gestr. TL Backpulver
120 g geriebene Nüsse
2 EL Rum

Zutaten für die Schaummasse:

5 Eiklar
240 g geriebene Nüsse
240 g Feinkristallzucker
2 Pkg. Vanillezucker

1 Eier trennen. Butter, Staubzucker, Vanillezucker und Eidotter schaumig rühren. Mehl mit Backpulver vermischen und mit den Nüssen und dem Rum einrühren.

2 Den Teig auf einem befetteten, bemehlten Backblech mit einem Löffel verteilen und glatt streichen.

3 Für die Schaummasse Eiklar zu steifem Schnee schlagen, Zucker und Vanillezucker einschlagen und die Nüsse unterheben.

4 Die Schaummasse auf den vorbereiteten Teig streichen und im vorgeheizten Backrohr bei 170 °C etwa 35 Minuten backen.

Makronen-Kokos-Schnitten

1 Eier trennen. Butter, Staubzucker, Vanillezucker, Salz, Rum und Zitronenschale schaumig rühren. Nach und nach die Eidotter und das ganze Ei einrühren. Mehl mit Backpulver vermischen und mit der Milch unter die Masse rühren.

2 Den Teig auf einem befetteten (!) Backblech mit dem Löffel verteilen und verstreichen. Im vorgeheizten Backrohr bei 160 °C etwa 20 Minuten backen.

3 Für den Belag inzwischen Eiklar aufschlagen und mit Staubzucker, Rohzucker und Honig zu steifem Schnee schlagen. Kokosett unterheben.

4 Den gebackenen, noch warmen Teig mit passierter Marmelade bestreichen. Kokosettmasse mit einem Löffel verteilen und verstreichen.
Nochmals bei 140 °C etwa 15 Minuten backen.

5 Schokoladeglasur in feine Spritztülle geben und den Kuchen mit feinen Linien überziehen.

Tipp

Wenn Sie keinen Rohzucker zur Hand haben, nehmen Sie 200 g Staubzucker.

Zubereitungszeit:
35 Minuten

Backzeit:
20 Minuten bei 160 °C
mit Belag
15 Minuten bei 140 °C

Zutaten für den Teig:

200 g weiche Butter

180 g Staubzucker

1 Pkg. Vanillezucker

1 TL Zitronenschale

1 EL Rum

1 Ei

4 Eidotter

260 g Mehl

1 Prise Salz

3 gestr. TL Backpulver

6–7 EL Milch

Zutaten für den Belag:

4 Eiklar

140 g Staubzucker

60 g Rohzucker

1 EL Honig

200 g Kokosett

Erdbeer- oder Ribiselmarmelade

etwas Schokoladeglasur

Mandarinen-Obers-Schnitten

Zubereitungszeit:
40 Minuten

Backzeit:
25 Minuten bei 170 °C

Masse für ein Backblech

Zutaten für den Teig:

250 g Staubzucker
1 Pkg. Vanillezucker
4 Eier
300 g Mehl
3 TL Backpulver
1 TL Zitronenschale
150 ml Mineralwasser
10 EL Öl

Zutaten für die Creme:

4 Becher Crème fraîche
3 EL Staubzucker
2 Pkg. Vanillezucker
1/2 TL Zimt
1/2 l Schlagobers

4 Dosen (je 300 g) Mandarinen
Marillenmarmelade

1 Eier mit Staubzucker, Vanillezucker sehr schaumig aufschlagen und mit Öl weiterschlagen. Mehl mit Backpulver vermischen und mit Mineralwasser unterrühren.

2 Den Teig auf ein befettetes, bemehltes Backblech streichen und bei 170 °C etwa 25 Minuten backen.

3 Für die Creme Crème fraîche, Staubzucker, Vanillezucker und Zimt gut verrühren. Schlagobers steif schlagen und einrühren.

4 Den ausgekühlten Boden mit Marmelade bestreichen, mit den abgetropften Mandarinen belegen, die Creme darauf verteilen und glatt streichen.

Tipp

Sie können auch den Tortenboden zuerst mit Marmelade, dann mit der Creme bestreichen, darauf die Mandarinenspalten legen und mit Tortengelee überziehen.

Mandel-Kokos-Schnitten

Zubereitungszeit:
30 Minuten

Backzeit:
25 Minuten bei 170 °C
Torte: etwa 50 Minuten

Masse für ein Backblech (Tortenform mit 26 cm Durchmesser)

Zutaten für den Teig:

7 Eier

100 g Staubzucker

100 g Kristallzucker

100 g Mehl

1 TL Backpulver

100 g geriebene Mandeln

100 g Kokosett

2 EL Rum

Ribiselmarmelade

Schokoladeglasur

Kokosett

1 Eier trennen. Eidotter mit Staubzucker sehr schaumig rühren. Eiklar zu Schnee schlagen und mit Kristallzucker steif schlagen. Die Schneemasse in die Dottermasse ziehen. Mehl mit Backpulver vermischen und mit Mandeln und Kokosett unter die Masse heben.

2 Den Teig auf ein befettetes, bemehltes Backblech streichen und im vorgeheizten Backrohr bei 170 °C etwa 25 Minuten backen.

3 Nach dem Erkalten mit Ribiselmarmelade bestreichen, mit Schokoladeglasur überziehen und mit Kokosett bestreuen.

Tipp

Wird auch eine sehr gute Torte. Sie können die Torte mit etwas Rum beträufeln oder z. B. mit Milky-Way-Creme füllen.

Mandel-Schnitten

1. Eier trennen. Butter schaumig rühren, Staubzucker, Vanillezucker und nach und nach Eidotter schaumig einrühren. Mehl, Backpulver und Orangenfrucht vermischen und untermengen. Eiklar zu steifem Schnee schlagen und mit den Mandeln vorsichtig unterheben.
2. Den Teig auf ein befettetes, bebröseltes Backblech streichen und im vorgeheizten Backrohr bei 160 °C etwa 30 Minuten backen. Noch warm mit Marmelade bestreichen.
3. Für die Glasur Eiklar etwas schlagen, mit dem Staubzucker und dem Zitronensaft einige Minuten gut verrühren und über die etwas angetrocknete Marmelade streichen.

Zubereitungszeit:
25 Minuten

Backzeit:
30 Minuten bei 160 °C

Masse für ein Backblech

Zutaten:

240 g weiche Butter

4 Eier

180 g Staubzucker

1 Pkg. Vanillezucker

220 Mehl

3 gestr. TL Backpulver

250 geriebene Mandeln

Orangenschale oder 1 /2 Pkg. fertig gekaufte Orangenfrucht

Zutaten für die Zitronenglasur:

2 Eiklar

250 g Staubzucker

3 El Zitronensaft

Marmelade zum Bestreichen

Marzipan-Ananas-Schnitten

Zubereitungszeit:
40 Minuten

Backzeit:
30 Minuten bei 180 °C

Zutaten:

180 g weiche Butter
150 g Staubzucker
1 Pkg. Vanillezucker
200 g Rohmarzipan
100 g klein geschnittene Schokolade
3 Eier
2 EL Rum
280 g Mehl
3 gestr. TL Backpulver
etwa 400 g klein geschnittene Ananas

Marmelade
Schokoladeglasur

1. Eier trennen. Rohmarzipan reiben oder klein schneiden und mit der Butter schaumig rühren. Nach und nach Staubzucker, Vanillezucker und die Eidotter hineingeben. Mehl mit Backpulver gut vermischen und mit dem Rum einrühren. Eiklar steif schlagen und mit der klein geschnittenen Schokolade vorsichtig unterheben.
2. Den Teig auf ein befettetes, bemehltes Backblech streichen und mit den Ananasstückchen bestreuen.
3. Im vorgeheizten Backrohr bei 180 °C etwa 30 Minuten backen.
4. Die ausgekühlten Schnitten mit warmer Marmelade und mit Schokoladeglasur bestreichen.

Zubereitungszeit:
50 Minuten

Backzeit:
30 Minuten bei 160 °C

Masse für ein Backblech (oder Tortenform mit 26 cm Durchmesser)

Zutaten für den Teig:

100 g Staubzucker
1 Pkg. Vanillezucker
Prise Salz
1 TL Zitronenschale
5 Eier
120 g Kristallzucker
200 geriebene Haselnüsse
150 g Mehl
2 TL Backpulver
1/8 l kalter starker Kaffee
1/8 l Öl

Zutaten für die Creme:

1/4 l Milch
4 EL Honig oder 80 g Kristallzucker
1 Pkg. Vanillezucker
2 TL Vanillepuddingpulver
250 g Rohmarzipan
4 Eidotter
7 EL Amaretto (Mandellikör)
10 Blatt Gelatine
1/2 l Schlagobers
1 Pkg. Sahnesteif

Preiselbeermarmelade
etwa 15 Stück Raffaellokugeln

Marzipan-Creme-Schnitten

1 Eier trennen. Eidotter mit Staubzucker, Vanillezucker, Zitronenschale und Salz etwa 8 Minuten) schaumig rühren. Den kalten Kaffee und das Öl unter ständigem Rühren esslöffelweise beigeben und weiterrühren. Mehl, Backpulver und Haselnüsse gut vermischen und unterheben. Eiklar anschlagen, mit dem Kristallzucker zu cremigem Schnee schlagen und vorsichtig unter die Masse heben.

2 Den Teig auf ein befettetes, bemehltes Backblech streichen und im vorgeheizten Backrohr bei 160 °C etwa 30 Minuten backen.

3 Für die Creme Milch mit Puddingpulver verrühren, Kristallzucker, Vanillezucker, klein geschnittenes Marzipan dazugeben und unter ständigem Rühren aufkochen lassen. (Falls nötig, mit dem Mixstab pürieren.) Eidotter schaumig schlagen, einen kleinen Teil von der heißen Milch-Marzipan-Masse langsam mit dem Schneebesen einschlagen. Wieder zur Milch-Marzipan-Masse zurückgießen und bei geringer Hitze die Masse cremig rühren. Gelatine in Wasser einweichen, gut ausdrücken, in erwärmtem Amaretto auflösen und in die Marzipanmasse einrühren. In die abgekühlte Creme das mit Sahnesteif fest geschlagene Schlagobers unterheben.

4 Den ausgekühlten Teigboden mit Preiselbeermarmelade und Marzipancreme bestreichen und mit einer Teigspachtel oder Palette glätten. Raffaellokugeln vorsichtig (warmes Messer verwenden) halbieren und auf die Schnitten legen.

Tipp

Wenn Sie gerne Marzipan essen, verkneten Sie Rohmarzipan mit etwas Staubzucker und Amaretto und reiben Sie dann die Masse über die Creme (oder drücken Sie sie durch eine Kartoffelpresse) und verteilen Sie sie mit einer Gabel auf der Creme.

Marzipan-Zucchini-Schnitten

Zubereitungszeit:
50 Minuten

Backzeit:
30 Minuten bei 160 °C

Masse für ein Backblech (wird geteilt)

Zutaten für den Teig:

150 g Staubzucker
1 Pkg. Vanillezucker
3 Eier
1 Prise Salz
1 TL Zimt
2 EL Rum
260 g Mehl
1 Pkg. Backpulver
1 TL Zitronenschale
100 g Haselnüsse
150 ml Öl
300 g geraspelte Zucchini

Zutaten für die Fülle:

Marillenmarmelade
200 g Marzipan
etwas Staubzucker
etwas Rum

Schokoladeglasur

1 Eier, Staubzucker, Vanillezucker, Zimt, Salz, Zitronenschale und Rum mindestens 10 Minuten schaumig rühren. Das Öl langsam unter ständigem Rühren einlaufen lassen. Mehl und Backpulver versieben, mit den Nüssen vermengen und abwechselnd mit den geraspelten Zucchini unter die Eiermasse heben.

2 Die Masse auf einem mit Backpapier ausgelegten Backblech verteilen und im vorgeheizten Backrohr bei 160 °C etwa 25 Minuten backen. Kurz überkühlen lassen und mit warmer Marillenmarmelade bestreichen.

3 Marzipan mit etwas Staubzucker und Rum verkneten, auf Staubzucker auswalken und auf die Hälfte der Zucchinischnitten legen. Die Teigplatte durchschneiden und mit Hilfe des Backpapiers auf die andere Hälfte draufgeben und andrücken. Sollte der Teig sehr aufgegangen sein, dann belegen Sie die ganze Fläche mit Marzipan, sonst werden die Schnitten zu dick.

4 Schnitte mit Marmelade bestreichen und mit Schokoladeglasur überziehen.

Tipp

Wenn Sie Marzipan sehr gerne haben, können Sie die Schnitten noch zusätzlich mit Marzipan belegen und dann mit der Schokoladeglasur überziehen. Wenn Sie Marzipan nicht mögen, lassen Sie es einfach ganz weg.

Melonenschnitten

Zubereitungszeit:
1 Stunde

Backzeit:
25 Minuten bei 170 °C

Masse für ein Backblech

Zutaten für den Teig:

140 g Butter
200 g Staubzucker
1 Pkg. Vanillezucker
4 Eier
2 EL Rum
220 g Mehl
1/2 Pkg. Backpulver
80 g Schokoladestreusel (oder -flocken)

Zutaten für die Creme:

500 g Melonen
1 Pkg. Vanillezucker
150 g Staubzucker
Zitronensaft und -schale
500 g Mascarpone
1/4 l Joghurt
1/4 l Schlagobers
12 Blatt Gelatine
5 EL Rum

Ribiselmarmelade
Haselnusskrokant

1 Eier trennen. Butter schaumig rühren, Eidotter mit Staubzucker, Vanillezucker und Rum schaumig einrühren. Mehl mit Backpulver vermischen, Eiklar zu steifem Schnee schlagen und abwechselnd mit dem Mehl und den Schokoladestreuseln unterheben.

2 Den Teig auf ein befettetes, bemehltes Backblech streichen und im vorgeheizten Backrohr bei 170 °C 25 Minuten backen.

3 Für die Creme das Melonenfleisch mit dem Pürierstab zerkleinern (im Sieb abtropfen lassen oder ausdrücken, damit nicht zu viel Saft bleibt). Mascarpone, Joghurt, Vanillezucker, Staubzucker, Zitronensaft und -schale gut verrühren und das Melonenfleisch einrühren. Gelatine in Wasser einweichen, gut ausdrücken, in erwärmtem Rum auflösen und mit dem geschlagenen Schlagobers in die Melonenmasse einrühren.

4 Den abgekühlten Teig dünn mit Marmelade und mit der Creme bestreichen. Mit Haselnusskrokant bestreuen.

Tipp

Vor dem Servieren mit kalten, ausgestochenen Melonenkugeln belegen.

Mohn-Marillen-Schnitten

Zubereitungszeit:
1 Stunde

Backzeit:
25 Minuten bei 180 °C
Masse für ein Backblech

Zutaten für den Teig:

1 1/2 Pkg. (375 g) fertige Mohnfülle
18 EL Milch
abgeriebene Schale von 1/2 Zitrone
6 Eidotter
2 EL Kristallzucker
1 Pkg. Vanillezucker
14 EL Öl
120 g Semmelbrösel
6 Eiklar
70 g Kristallzucker

Zutaten für den Belag:

1 kg entkernte Marillen (frisch oder tiefgefroren)
1/8 l Wasser
200 g Kristallzucker
1/4 l Holunderblütensirup
1 Pkg. Vanillepuddingpulver
3 Pkg. Instantgelatine

evtl. Schlagobers
Pistazien oder etwas Mohn

1 Mohnfülle mit Milch und Zitronenschale verrühren.

2 Eier trennen. Eidotter mit Kristallzucker und Vanillezucker sehr schaumig rühren. Nach und nach das Öl, dann den Mohn einrühren und einige Zeit weiterrühren. Eiklar gut anschlagen und mit dem Kristallzucker zu einer cremigen, festen Masse schlagen. Den Eischnee mit den Semmelbröseln vorsichtig unter die Mohnmasse heben.

3 Den Teig auf ein befettetes und bemehltes Backblech streichen und im vorgeheizten Backrohr bei 180 °C etwa 25 Minuten backen.

4 Für den Belag Marillen mit Wasser und Zucker weich kochen und passieren.

5 Holunderblütensirup mit dem Puddingpulver verrühren und mit den passierten Marillen einmal aufkochen lassen. Etwas überkühlen lassen, die Instantgelatine einstreuen, gut verrühren, auf den ausgekühlten Mohnkuchen streichen und einige Zeit kalt stellen.

6 Vor dem Servieren evtl. mit Schlagobers bestreichen und mit Pistazien oder Mohn (Rest vom zweiten Packerl) bestreuen.

Tipp

Wenn Sie diese Mohnschnitten einfach mit Ribiselmarmelade bestreichen und mit Zitronenglasur überziehen, schmecken sie ebenfalls sehr gut – und das verkürzt natürlich Ihre Arbeitszeit.

Most-Schoko-Schnitten

Zubereitungszeit:
30 Minuten

Backzeit:
30 Minuten bei 180 °C

Masse für ein Backblech

Zutaten:

250 g weiche Butter
300 g Staubzucker
1 Pkg. Vanillezucker
5 Eier
380 g Mehl
1 Pkg. Backpulver
1 TL Zimt
150 g geriebene Nüsse
150 g geschnittene Schokolade
1/4 l Most

Ribiselmarmelade
Schokoladeglasur

1 Butter, Staubzucker und Vanillezucker schaumig rühren. Eier nach und nach schaumig einrühren. Mehl mit Backpulver, Zimt und Nüssen vermischen und mit dem Most einrühren. Zuletzt die Schokolade unterheben.

2 Den Teig auf ein befettetes, bemehltes Backblech streichen und im vorgeheizten Backrohr bei 180 °C etwa 30 Minuten backen.

3 Den ausgekühlten Teigboden mit Ribiselmarmelade und Schokoladeglasur bestreichen.

Nougatschnitten

1 Eier trennen. Eidotter mit Staubzucker, Vanillezucker und warmem Wasser sehr schaumig rühren. Mehl mit Backpulver vermischen und mit dem steif geschlagenen Eischnee vorsichtig unterheben.

2 Den Teig auf ein mit Backpapier ausgelegtes Backblech streichen und im vorgeheizten Backrohr bei 190 °C etwa 15 Minuten backen.

3 Für die Creme Nougatmasse in der Mikro (oder im Wasserbad) langsam erweichen, auskühlen lassen. Schlagobers mit Sahnesteif schlagen, das abgekühlte Nougat einrühren.

4 Den Teig in 2 Teile teilen, einen Teil mit Nougatcreme bestreichen und den anderen Teil mit Hilfe des Backpapiers darauf klappen. Obenauf ebenfalls Nougatcreme streichen und mit Schokoladeflocken oder Haselnusskrokant bestreuen.

Tipp

Sollte sich das Backpapier schwer abziehen lassen, dann befeuchten Sie es oder legen Sie kurz ein feuchtes Tuch darauf.

Zubereitungszeit:
35 Minuten

Backzeit:
15 Minuten bei 190 °C

Masse für ein Backblech (wird geteilt oder Torte mit 26 cm Durchmesser)

Zutaten für den Teig:

190 g Staubzucker

1 Pkg. Vanillezucker

5 Eier

5 EL Wasser

150 g Mehl

2 gestr. TL Backpulver

Zutaten für die Nougatcreme:

200 g Nougatmasse

3/4 l Schlagobers

2 Pkg. Sahnesteif

Schokoladeflocken oder Haselnusskrokant

Nuss-Schaum-Schnitten

Zubereitungszeit:
1 Stunde

Backzeit:
35 Minuten bei 170 °C

Masse für ein Backblech

Zutaten für den Teig:

400 g Mehl
280 g Butter
150 g Staubzucker
1 Pkg. Vanillezucker
3 EL Zitronensaft
1 TL Zitronenschale
2 Eidotter

Zutaten für den Belag:

5 Eidotter
220 g Staubzucker
5 Eiklar
2 EL Staubzucker
250 g geriebene Nüsse
1 Prise Salz

3 Tafeln Suchard Finessa Marzipan (in kleine Würfel geschnitten)

Marillen- oder Ribiselmarmelade

Staubzucker zum Bestreuen

1 Aus den Teigzutaten rasch einen Mürbteig kneten und eine halbe Stunde kühl rasten lassen.

2 Etwas mehr als die Hälfte des Teiges ausrollen und auf ein befettetes Backblech legen (auf das Nudelholz aufrollen und auf dem Blech wieder entrollen).
Den Teig mit Marmelade bestreichen und mit der in kleine Würfel geschnittenen Schokolade bestreuen.

3 Für den Belag Eidotter und Staubzucker ganz hellschaumig rühren. Die Eiklar mit einer Prise Salz und 2 EL Staubzucker steif schlagen und mit den Nüssen vorsichtig unter die Dottermasse heben. Die Nussmasse auf den bestreuten Mürbteig verteilen und verstreichen.

4 Den restlichen Teig auswalken, in 1,5 cm breite Streifen schneiden und ein Gitter über die Nussmasse legen. Das Gitter mit übrig gebliebenem Eiklar bestreichen.

5 Im vorgeheizten Backrohr bei 170 °C etwa 35 Minuten backen. Noch warm mit Staubzucker bestreuen.

Orangengelee-Schnitten

Zubereitungszeit:
50 Minuten

Backzeit:
15 Minuten bei 170 °C

Masse für ein Backblech (wird geteilt)

Zutaten für den Teig:

160 g Butter

140 g Staubzucker

1 Pkg. Vanillezucker

120 g geriebene Kochschokolade

1 Ei

1 Dotter

etwas Zitronenschale

260 g Mehl

2 gestr. TL Backpulver

Zutaten für den Belag:

1 Pkg. Tortengelee

50 g Kristallzucker

1/8 l Orangensaft

1/8 l Wasser

etwa 250 g Orangenmarmelade zum Bestreichen

1 Schokolade reiben und mit den anderen Zutaten rasch zu einem Mürbteig kneten und kühl etwa 15 Minuten rasten lassen.

2 Den Teig ausrollen und auf ein mit Backpapier belegtes Backblech legen. Oder gleich auf dem Backpapier (einige Spritzer Wasser unter das Papier geben, damit es nicht rutscht) ausrollen und im vorgeheizten Backrohr bei 170 °C etwa 15 Minuten backen.

3 Nach dem Auskühlen den Teig halbieren (das Backpapier mitschneiden), mit Orangenmarmelade bestreichen und mit Hilfe des Backpapiers die zweite Teighälfte darüber klappen. Diese wieder mit Orangenmarmelade dick bestreichen. Aus doppelt genommener Alufolie einen Rand um die Teigplatten legen.

4 Aus dem Tortengelee mit Zucker, Orangensaft und Wasser ein Gelee zubereiten und etwas abgekühlt auf die Oberfläche gießen.

Obstschnitten

1 Butter, Staubzucker, Vanillezucker, Salz, Zitronenschale schaumig rühren. Nach und nach die Eier (jedes Ei mind. 1 Minute) schaumig einrühren. Das Mehl mit dem Backpulver vermischen und abwechselnd mit dem Cointreau einrühren. Die Masse sollte leicht „zäh" sein.

2 Den Teig auf ein befettetes, bemehltes Backblech streichen, mit den gewünschten Früchten belegen und – falls gewünscht – mit Mandelblättchen bestreuen und im vorgeheizten Backrohr bei 160 °C etwa 25 Minuten backen.

3 Die Schnitten auskühlen lassen und mit Staubzucker bestreuen.

Zubereitungszeit:
20 Minuten

Backzeit:
25 Minuten bei 160 °C

Zutaten:

200 g weiche Butter

180 g Staubzucker

1 Pkg. Vanillezucker

Prise Salz

1 TL Zitronenschale

5 Eier

320 g Mehl

2 geh. TL Backpulver

1/8 l Cointreau,
Amaretto oder Eierlikör

Obst aus der Dose
(gut abtropfen lassen)
oder
Frischobst wie Marillen,
Kirschen etc.

Mandelblättchen

Staubzucker

Osterschnitten

Zubereitungszeit:
35 Minuten

Backzeit:
25 Minuten bei 180 °C

Masse für ein Backblech

Zutaten:

250 g Staubzucker
1 Pkg. Vanillezucker
3 ganze Eier
6 Eidotter
50 g Kristallzucker
6 Eiklar
Zitronenschale
Orangenschale
120 g passierter Spinat
200 g feine Semmelbrösel oder Zwiebackbrösel
100 g geriebene Haselnüsse
1 TL Backpulver

Zutaten Zitronenglasur:

250 g Staubzucker
Saft einer 1/2 Zitrone
Saft einer 1/2 Orange

passierte warme Ribiselmarmelade

Pistazien

Schokoladeglasur

1 6 Eidotter und 3 ganze Eier mit Staubzucker und Vanillezucker sehr schaumig rühren (Masse soll ganz hell sein). Spinat (ausdrücken) einrühren und schaumig weiterschlagen. 6 Eiklar aufschlagen und mit Kristallzucker zu steifem Schnee schlagen. Semmelbrösel, Haselnüsse, Backpulver, Zitronenschale und Orangenschale gut vermischen und mit dem Eischnee unter die Dottermasse heben.

2 Die Teigmasse auf ein befettetes, bemehltes Backblech streichen und im vorgeheizten Backrohr bei 180 °C etwa 25 Minuten backen.

3 Ausgekühlt mit passierter warmer Marmelade bestreichen, Zitronenglasur darübergeben, nach dem Antrocknen noch mit Schokoladeglasur überziehen und mit Pistazien bestreuen.

Tipp

Wenn Sie die Schnitten wirklich zu Ostern machen, können Sie sie mit kleinen Eiern, einem Nesterl auf Schlagoberstupfen oder „süßem Gras" verzieren. Der Teig eignet sich auch sehr gut für eine Torte. Die Backzeit erhöht sich dann dementsprechend (Nadelprobe). Schneiden Sie nach dem Backen den Boden durch und bestreichen Sie ihn mit Creme oder Marmelade.

Pfirsichschnitten

Zubereitungszeit:
1 Stunde

Backzeit:
30 Minuten bei 170 °C

Masse für ein Backblech

Zutaten für den Teig:

7 Eier
150 g Staubzucker
1 Pkg. Vanillezucker
180 g Walnüsse
2 geh. EL glattes Mehl
1/2 TL Backpulver

Zutaten für den Belag:

1/4 l Milch
8 EL Milch
1 Pkg. Vanillepuddingpulver
50 g Kristallzucker
200 g Butter
100 g Staubzucker
1 Pkg. Vanillezucker
1 Eidotter

1 kg Pfirsichhälften aus der Dose

etwas Marmelade
2 Pkg. Tortengelee

1 Eier trennen. Das Eiklar aufschlagen, mit dem Staubzucker und dem Vanillezucker steif schlagen. Eidotter nach und nach einrühren. Mehl mit Backpulver und Nüssen vermischen und unterheben.

2 Den Teig auf ein befettetes, bemehltes Backblech streichen und im vorgeheizten Backrohr bei 170 °C 30 Minuten backen.

3 Für die Creme aus Milch (50 g Kristallzucker in die kalte Milch geben und nicht umrühren – so brennt die Milch nicht an) und Puddingpulver (mit 8 EL Milch anrühren) einen Vanillepudding zubereiten, unter mehrmaligem Umrühren abkühlen lassen. Butter, Staubzucker und Vanillezucker gut verrühren, löffelweise Pudding und dann Eidotter schaumig einrühren.

4 Die abgekühlten Schnitten mit Marmelade dünn bestreichen, die Creme darüber streichen und mit in Spalten geschnittenen Pfirsichen belegen.

5 Tortengelee nach Vorschrift – halb Wasser, halb Pfirsichsaft – zubereiten und über die Pfirsiche verteilen.

Prosecco-Schnitten

Zubereitungszeit:
30 Minuten

Backzeit:
25 Minuten bei 170 °C

Masse für ein Backblech

Zutaten:

250 g Butter

4 Eier

250 g Staubzucker

1 Pkg. Vanillezucker

1 Pkg. Vanillepuddingpulver

220 g Mehl

1/2 Pkg. Backpulver

etwas Zitronenschale und -saft

100 g Schokoladeflocken

3 EL Rum

etwa 1/4 l Prosecco oder Sekt

Schokoladeglasur

1 Butter, Staubzucker, Vanillezucker und Eidotter (nach und nach dazugeben) schaumig rühren. Rum, Schokoladeflocken und Zitronenschale dazugeben. Mehl mit Backpulver und Puddingpulver vermischen, Eiklar zu steifem Schnee schlagen und mit dem Mehl unter die Masse heben.

2 Den Teig auf ein bemehltes, befettetes Backblech streichen und im vorgeheizten Backrohr bei 170 °C etwa 25 Minuten backen.

3 Nach dem Backen mit einer Stricknadel (oder Ähnlichem) Löcher in den Kuchen stechen und mit dem Prosecco löffelweise tränken. Der Alkohol verdunstet durch die Wärme des Kuchens.

4 Nach dem Erkalten mit Staubzucker bestreuen oder mit Schokoladeglasur überziehen.

Rotwein-Schnitten

Zubereitungszeit:
25 Minuten

Backzeit:
25 Minuten bei 160 °C

Masse für ein Backblech

Zutaten:

200 g zerlassene Butter

100 g zerlassene Kochschokolade

220 g Mehl

3 TL Backpulver

220 g Staubzucker

1 Pkg. Vanillezucker

100 g geriebene Haselnüsse

1 TL Zimt

1 TL Zitronenschale

4 Eier

1/8 l Rotwein

120 g Schokoladeflocken

Zutaten Glasur:

200 g Staubzucker

4–5 EL Rotwein

etwas Rotwein zum Tränken

Ribiselmarmelade

1 Mehl, Backpulver, Staubzucker, Vanillezucker, Zimt, Zitronenschale und Haselnüsse in einer großen Schüssel (etwa 30 cm Durchmesser und 15 cm hoch) mit dem Schneebesen fein vermischen. Eier, zerlassene Butter, zerlassene Schokolade und Rotwein dazugeben, gut mit dem Schneebesen vermischen und kräftig hin und herschlagen. Schokoladeflocken untermengen und nochmals durchmischen.

2 Den Teig auf ein befettetes, bemehltes Bachblech geben und im vorgeheizten Backrohr bei 160 °C etwa 25 Minuten backen.

3 Den Kuchen noch lauwarm löffelweise mit etwas Rotwein tränken und mit passierter Marmelade dünn bestreichen.

4 Für die Glasur Staubzucker mit dem Rotwein gut verrühren und auf die Schnitten streichen.

Tipp

Die Schnitten können Sie auch mit Rotweingelee überziehen. Bereiten Sie einfach 2 Packungen Tortengelee mit Rotwein nach Anleitung zu.

Rum-Zwetschken-Schnitten

Zubereitungszeit:
40 Minuten

Backzeit:
30 Minuten bei 180 °C

Masse für ein Backblech

Zutaten für den Teig:

200 g weiche Butter

180 g Staubzucker

2 Pkg. Vanillezucker

6 Eier

1/2 TL Zimt

1/2 TL Nelkenpulver

Prise Salz

150 g erweichte Schokolade

150 g geriebene Walnüsse

120 g glattes Mehl

1 TL Backpulver

400 g gedörrte Zwetschken oder Pflaumen

1/4 l Rum

1/8 l Wasser

Zutaten für die Glasur:

220 g Kochschokolade

50 g Kokosfett

Powidlmarmelade

Mandelsplitter

Kandierte Belagkirschen

1 Dörrzwetschken über Nacht in Rum-Wassermischung einweichen, abseihen und drei- bis viermal durchschneiden.

2 Eier trennen. Butter, Staubzucker, Vanillezucker schaumig rühren, nach und nach Eidotter einrühren. Erweichte Schokolade schaumig einrühren. Eiklar mit einer Prise Salz zu steifem Schnee schlagen. Mehl, Backpulver, Zimt und Nelkenpulver vermischen und mit dem Eischnee und den Nüssen unter den Teig heben.

3 Den Teig auf ein befettetes, bemehltes Backblech streichen, Zwetschken darauf verteilen und im vorgeheizten Backrohr bei 180 °C etwa 30 Minuten backen.

4 Für die Glasur Kokosfett erwärmen und die in Stücke gebrochene Schokolade langsam darin zergehen lassen. Den ausgekühlten Teigboden mit Powidlmarmelade bestreichen, mit Schokoladeglasur überziehen, mit Mandelsplittern bestreuen und mit Belagkirschen verzieren.

Tipp

Die Schnitten sind lange haltbar und passen so richtig in die Glühwein-Punschzeit.
Sie können die Zwetschken auch weglassen, der Teig schmeckt auch ohne sie sehr gut.

Russische Schnitten

Zubereitungszeit:
1 Stunde

Backzeit:
30 Minuten bei 160 °C

Masse für ein Backblech

Zutaten für den Teig:

300 g Staubzucker

1 Pkg. Vanillezucker

9 Eier

300 g geriebene Nüsse

90 g Brösel

Zutaten für die Creme:

250 g Butter

250 g Staubzucker

2 Eidotter

1 Pkg. Vanillepuddingpulver

1/4 l starker Kaffee

3 Schachteln Biskotten

fast 1/2 l Milch und Rum (nach Belieben)

1/2 l Schlagobers

2 Pkg. Sahnesteif

Schokoladeflocken

1 Die ganzen Eier mit Staubzucker und Vanillezucker mindestens 10 Minuten schaumig rühren. Der Teig muss ganz hell und schaumig sein. Nüsse und Brösel, evtl. 1 EL Rum unterheben.

2 Den Teig auf ein befettetes, bebröseltes Backblech streichen und im vorgeheizten Backrohr bei 160 °C etwa 30 Minuten backen.

3 Für die Creme Vanillepuddingpulver mit Kaffee einkochen und erkalten lassen (ab und zu umrühren). Butter mit Staubzucker, Vanillezucker und Eidotter schaumig rühren, löffelweise Pudding einrühren. Etwa eine halbe Stunde in den Kühlschrank stellen.

4 Den ausgekühlten Teigboden mit Creme bestreichen und in Milch-Rum-Gemisch getauchte Biskotten darauf legen. Wieder mit Creme bestreichen und eine Lage Biskotten (andere Richtung) darauf legen. Schlagobers mit Sahnesteif schlagen und darauf streichen. Mit Schokoladeflocken bestreuen.

Sacherschnitten

Zubereitungszeit:
35 Minuten

Backzeit:
30 Minuten bei 170 °C

Masse für ein Backblech

Zutaten für den Teig:

220 g weiche Butter

220 g Staubzucker

1 Pkg. Vanillezucker

7 Eier

170 g erweichte Kochschokolade

3 EL Kakaopulver

100 g Zwieback- oder Biskottenbrösel

100 g Mehl

1 TL Backpulver

Marillenmarmelade

Schokoladeglasur

1 Eier trennen. Weiche Butter mit Staubzucker, Vanillezucker und Eidottern sehr lange schaumig rühren. Zerlassene abgekühlte Kochschokolade schaumig weiterrühren. Kakaopulver, Brösel, Mehl mit Backpulver gut vermischen und abwechselnd mit dem zu steifem Schnee geschlagenen Eiklar unterheben.

2 Den Teig auf ein befettetes, bemehltes Backblech streichen und bei 170 °C etwa 30 Minuten backen.

3 Erkaltet mit Marillenmarmelade bestreichen und mit Schokoladeglasur überziehen.

Tipp

Servieren Sie die Schnitten unbedingt mit Schlagobers. Aus dem Teig wird auch eine schöne Torte (mit 26 cm Durchmesser), wenn Sie den Boden durchschneiden und ihn mit Marmelade füllen.

Schnelle Beerenschnitten

1 Eier trennen. Eidotter mit Staubzucker und Vanillezucker schaumig rühren. Erweichte Kochschokolade schaumig einrühren. Mehl mit Backpulver einrühren. Eiklar zu steifem Schnee schlagen und mit den Nüssen unterheben.

2 Den Teig auf ein befettetes, bemehltes Backblech streichen und im vorgeheizten Backrohr bei 170 °C etwa 25 Minuten backen.

3 Für den Belag Johannisbeersaft, Zucker, Vanillezucker und Puddingpulver gut verrühren und 1 Minute unter ständigem Rühren die Masse eindicken lassen.

4 Den ausgekühlten Boden mit Ribisel- oder Himbeermarmelade dünn bestreichen, mit frischen oder gefrorenen Beeren (Himbeeren, Brombeeren, Erdbeeren etc.) nicht zu eng belegen, das Puddinggemisch mit einem großen Löffel darauf verteilen und auskühlen lassen.

5 Schlagobers mit Staubzucker und Sahnesteif steif schlagen, auf den ausgekühlten Belag streichen und mit Schokoladeflocken bestreuen. Jedes Stück mit frischen (!) Beeren belegen.

Tipp

Die Schnitten schmecken auch ohne Beeren sehr erfrischend. Wenn Sie keine fertigen Schokoladeflocken haben, dann raspeln Sie einfach mit einem Gurkenschäler etwas von der Schmalseite der Schokolade herunter.

Zubereitungszeit:
40 Minuten

Backzeit:
25 Minuten bei 170 °C

Masse für ein Backblech

Zutaten für den Teig:

6 Eier

250 g Staubzucker

1 Pkg. Vanillezucker

3 Rippen erweichte Kochschokolade

220 g geriebene Nüsse

70 g Mehl

1/2 TL Backpulver

Zutaten für den Belag:

1 l Johannisbeersaft (kein Sirup)

2 Pkg. Waldbeerenpudding

1 Pkg. Vanillezucker

6 EL Kristallzucker

Ribisel- oder Himbeermarmelade

300 g frische oder gefrorene Beeren

2 Becher Schlagobers

1–2 EL Staubzucker

2 Pkg. Sahnesteif

Schokoladeflocken

Schoko-Creme-Schnitten

Zubereitungszeit:
40 Minuten

Backzeit:
25 Minuten bei 170 °C

Masse für ein Backblech (wird geteilt)

Zutaten für den Teig:

180 g weiche Butter
120 g erweichte Kochschokolade
160 g Staubzucker
1 Pkg. Vanillezucker
Prise Salz
7 Eier
180 g Mehl
120 g geriebene Mandeln
2 EL Rum
4 EL Milch
1 TL Backpulver

Zutaten für die Creme:

1 Pkg. Schokoladepuddingpulver
1/2 l Milch
3 EL Kristallzucker
1 Pkg. Vanillezucker
120 g Milchschokolade
4 Blatt Gelatine
1/4 l Schlagobers
1 Pkg. Sahnesteif

Himbeer- oder Ribiselmarmelade
Schokoladeglasur

1 Eier trennen und Schokolade erweichen. Butter und erweichte Schokolade schaumig rühren. Nach und nach Eidotter, 2 Drittel Staubzucker, Rum, Milch und Prise Salz einrühren. Mehl, Backpulver und Mandeln gut vermischen. Eiklar mit dem restlichen Zucker zu steifem Schnee schlagen und mit dem Mehl-Mandel-Gemisch unterheben.

2 Den Teig auf ein mit Backpapier belegtes Backblech streichen und im vorgeheizten Backrohr bei 170 °C etwa 25 Minuten backen.

3 Für die Creme Schokoladepudding zubereiten (8 EL Milch entnehmen und Pulver damit anrühren). Kristallzucker in die restliche kalte Milch einstreuen, nicht mehr umrühren, bis sie aufkocht und das Puddingpulver eingerührt wird. Schokolade zerkleinern und darin schmelzen. Kalt stellen, aber ab und zu umrühren. Schlagobers mit Sahnesteif fest schlagen und unter die erkaltete Puddingmasse einrühren.

4 Die erkaltete Teigplatte einmal durchschneiden, mit Creme bestreichen und die zweite Hälfte darauf setzen. Dünn mit Marmelade bestreichen und mit Schokoladeglasur überziehen.

Schoko-Marillen-Schnitten

1 Eier trennen. Topfen, Butter, Staubzucker, Vanillezucker, Crème fraîche und Eidotter schaumig rühren. Zerlassene Schokolade einrühren. Mehl mit Backpulver vermischen und ebenfalls einrühren. Eiklar zu steifem Schnee schlagen und vorsichtig unterheben.

2 Den Teig auf ein befettetes, bemehltes Backblech streichen, mit geschnittenen Marillen belegen, mit Mandelblättchen bestreuen und bei 180 °C etwa 35 Minuten backen.

3 Den Kuchen noch heiß mit Marillenmarmelade (evtl. mit Rum verrührt) bestreichen.

Tipp

Über die Marillenmarmelade können Sie auch noch eine dünne Rum- oder Zitronenglasur streichen.

Zubereitungszeit:
40 Minuten

Backzeit:
35 Minuten bei 180 °C

Zutaten:

180 g weiche Butter

200 g Magertopfen

140 g Staubzucker

1 Pkg. Vanillezucker

1/8 l Crème fraîche (oder Rahm)

5 Eier

100 g zerlassene Kochschokolade

200 g Mehl

2 TL Backpulver

etwa 1 kg geviertelte Marillen

Marillenmarmelade

Mandelblättchen

Schoko-Schaum-Schnitten

Zubereitungszeit:
40 Minuten

Backzeit:
30 Minuten bei 170 °C

Masse für ein Backblech (wird geteilt oder 26 cm Durchmesser)

Zutaten für den Teig:

6 Eier
180 g Kristallzucker
1 Pkg. Vanillezucker
40 g Kakaopulver
120 g Mehl
70 g Nüsse
1 TL Backpulver
50 g Öl

Zutaten für die Creme:

3 Eidotter
1 Ei
4 EL Kristallzucker
1 Pkg. Vanillezucker
1 Prise Salz
250 g erweichte Schokolade
3 EL Weinbrand
1/8 l schwarzer Kaffee
5 Blatt Gelatine
3/8 l Schlagobers

Marmelade
1/8 l Schlagobers
Schokoladeflocken

1 Für den Teig Eier, Kristallzucker, Vanillezucker sehr schaumig aufschlagen. Öl schaumig einrühren. Mehl, Kakaopulver, Backpulver und Nüsse gut vermischen und unterheben.

2 Den Teig auf ein mit Backpapier belegtes Backblech streichen und im vorgeheizten Backrohr bei 170 °C etwa 30 Minuten backen.

3 Für die Creme Eidotter, Ei, Salz, Staubzucker, Vanillezucker und 1/16 l Kaffee über Dampf sehr schaumig schlagen – und anschließend wieder kalt schlagen. Gelatine im Wasserbad erweichen, gut ausdrücken und im restlichen erwärmten Kaffee auflösen. Weinbrand und erweichte abgekühlte Schokolade in die Dottermasse rühren. Schlagobers steif schlagen und unterheben.

4 Den ausgekühlten Teigboden in der Mitte durchschneiden, mit Marmelade bestreichen, zweite Teighälfte darauf legen und mit Marmelade bestreichen. Schnitten mit Alufolie zu einem höheren Rand verhelfen, Creme darauf verteilen und glatt streichen. 1/8 l geschlagenes Schlagobers darauf streichen und mit Schokoladeflocken bestreuen.

Schwarzbrot-Kirschen-Schnitten

1 Eier trennen. Eidotter mit Staubzucker und Vanillezucker sehr schaumig rühren. Schwarzbrotbrösel, Mandeln, Backpulver, Schokolade, Zitronenschale, Zimt, Nelkenpulver gut vermischen und nach und nach mit dem Rum unter die Dottermasse rühren. Eiklar zu Schnee schlagen, mit dem Kristallzucker aufschlagen und vorsichtig unter die Teigmasse heben.

2 Den Teig auf ein befettetes, bemehltes Backblech streichen und mit entkernten (!) Kirschen belegen. Im vorgeheizten Backrohr bei 170 °C etwa 30 Minuten backen.

3 Ausgekühlt mit Staubzucker bestreuen.

Tipp

Bestreuen Sie die Schnitten vor dem Backen mit Mandelblättchen.

Zubereitungszeit:
35 Minuten

Backzeit:
30 Minuten bei 170 °C

Masse für ein Backblech

Zutaten:

200 g Staubzucker

1 Pkg. Vanillezucker

50 g Kristallzucker

6 Eier

150 g fein geriebenes Schwarzbrot (oder Vollkornbrösel)

1 TL Backpulver

180 g geriebene Mandeln

120 g geriebene Schokolade

3 EL Rum

Zitronenschale und -saft

1 gestr. TL Zimt

1 gestr. TL Nelkenpulver

etwa 1 kg entkernte Kirschen

Staubzucker

Topfen-Orangen-Schnitten

Zubereitungszeit:
50 Minuten

Backzeit:
25 Minuten bei 160 °C

Masse für ein Backblech (mit höherem Rand oder mit Alufolie behelfen)

Zutaten für den Teig:

180 g Butter
180 g Staubzucker
1 Pkg. Vanillezucker
1 Prise Salz
3 Eier
180 g Mehl
abgeriebene Schale von 1/2 Orange
2 gestr. TL Backpulver

Zutaten für den Belag:

500 g Magertopfen
500 g Mascarpone (oder Mascarino)
150 g Staubzucker
1 Pkg. Vanillezucker
1/2 l Schlagobers
2 Eier
15 EL Orangensaft
2 EL Zitronensaft
abgeriebene Schale von 1 Orange
10 Blatt Gelatine

Marmelade

1 Eier trennen. Butter, Zucker, Salz und Vanillezucker schaumig rühren, Dotter nach und nach dazugeben. Mehl mit Backpulver versieben und zusammen mit der Orangenschale unterheben. Eiklar zu festem Schnee schlagen und unterziehen.

2 Die Masse auf ein befettetes, bemehltes Backblech streichen und im vorgeheizten Backrohr bei 160 °C etwa 25 Minuten backen.

3 Für den Belag Eidotter, Orangenschale, Staubzucker und Vanillezucker cremig rühren. Topfen, Mascarpone, Zitronensaft und 10 EL Orangensaft einrühren. Gelatine in Wasser einweichen, ausdrücken, im restlichen erwärmten Orangensaft auflösen und ebenfalls einrühren. Schlagobers schlagen, Eiklar steif schlagen und beides unterheben.

4 Auf den erkalteten Kuchen zuerst Marmelade und dann den Belag aufstreichen. 2–3 Stunden kalt stellen.

Tipp

Verwenden Sie Blutorangensaft, er ist im Geschmack etwas intensiver. Sie können auch den Teig (nicht zu eng) mit Mandarinenspalten (etwa 4 Dosen) belegen, das bringt Farbe und mehr Geschmack. Es sieht auch sehr schön aus, wenn Sie die Schnitten mit einem Schokoladegitter verzieren.

Topfenschnitten

Zubereitungszeit:
50 Minuten

Backzeit:
25 Minuten bei 170 °C

Masse für ein Backblech

Zutaten für den Teig:

5 Eier

250 g Staubzucker

1 Pkg. Vanillezucker

etwas Salz

1 TL Zitronenschale

1/8 l Öl

1/8 l lauwarmes Wasser

300 g Mehl

1 gestr. TL Backpulver

Zutaten für die Topfenmasse:

500 g Topfen (20 %)

150 g Staubzucker

2 Eier

1 Pkg. Vanillezucker

2 EL Zitronensaft

etwas Zitronenschale

Marmelade

Mandelblättchen

1 Eier trennen. Eidotter mit Staubzucker und Vanillezucker schaumig rühren. Öl und lauwarmes Wasser nach und nach einrühren und schaumig weiterschlagen. Mehl, Backpulver und Zitronenschale vermischen und unter die Eiermasse rühren. Eiklar mit etwas Salz sehr steif schlagen und unterheben.

2 Für die Topfenmasse Topfen, Staubzucker, Vanillezucker, Eidotter und Zitronenschale gut verrühren. Eiklar mit Zitronensaft zu steifem Schnee schlagen und unter die Topfenmasse rühren.

3 Den Teig auf ein befettetes, bemehltes Backblech streichen. Die Topfenmasse in einen Spritzsack füllen und Gitter auf den Teig spritzen. Mit einer kleineren Spritztülle Marmelade in die Zwischenräume spritzen und mit Mandelblättchen bestreuen.

4 Den Teig im vorgeheizten Backrohr bei 170 °C etwa 25 Minuten backen.

Traunkirchner Schnitten

1 Das mit Backpulver vermischte Mehl mit der Butter verbröseln und mit den anderen Zutaten rasch zu einem Mürbteig verkneten. Etwas kühl rasten lassen.

2 Den Teig in 2 Teile teilen, ausrollen und mit Hilfe des Nudelholzes auf 2 mit Backpapier ausgelegte Backbleche legen. Im vorgeheizten Backrohr bei 160 °C beide Bleche (nur bei Heißluft möglich) etwa 15 Minuten backen und auskühlen lassen.

3 Für die Fülle schlägt man das Eiklar auf und schlägt mit Staubzucker, Vanillezucker und Ribiselmarmelade so lange, bis Spitzen stehen bleiben.

4 Die Mürbteigschnitten werden jeweils in der Mitte (wenn möglich mit Papier) auseinander geschnitten. Auf die erste Hälfte des Teigbodens Fülle aufstreichen und Mürbteigblatt mit Hilfe des Backpapiers darauf legen. Wieder Fülle aufstreichen, dritter Boden darauf, Fülle aufstreichen, vierter Boden darauf. Die Schnitten nochmals in der Mitte vorsichtig auseinander schneiden – nun haben Sie 2 etwa 30 cm lange und etwa 10 cm breite Schnitten.

5 Für die Glasur Staubzucker und Kakaopulver klumpenfrei vermischen und mit der zerlassenen Butter und dem heißen Kaffee gut verrühren. Die Glasur auf den 4 Längsseiten auftragen und obenauf den Rest der Fülle streichen (falls etwas übrig bleibt – sonst auch mit Schokoladeglasur bestreichen).
Sie können auch die Schokoladeglasur weglassen und vor dem Servieren nur mit Schlagobers bestreichen.

Tipp

Sie können natürlich auch Marillen- statt Ribiselmarmelade verwenden und die Schokoladeglasur weglassen.

Zubereitungszeit:
1 Stunde

Backzeit:
15 Minuten bei 160 °C

Masse für 2 Backbleche

Zutaten für den Teig:

300 g Mehl

2 TL Backpulver

220 g Butter

150 g Staubzucker

1 Pkg. Vanillezucker

150 g geriebene Mandeln

3 Eidotter

Zutaten für die Fülle:

4 Eiklar

150 g Staubzucker

1 Pkg. Vanillezucker

4 EL passierte Ribiselmarmelade

Schokoladeglasur:

250 g Staubzucker

30 g Kakaopulver

30 g zerlassene Butter

etwa 3 EL starken, heißen Kaffee

Trüffelschnitten

Zubereitungszeit:
40 Minuten

Backzeit:
20 Minuten bei 160 °C

Masse für ein Backblech (wird geteilt oder Tortenform mit 26 cm Durchmesser)

Zutaten für den Teig:

6 Eier

50 g Staubzucker

100 g Kristallzucker

1 Pkg. Vanillezucker

80 g erweichte Kochschokolade

60 g Mehl

100 g geriebene Mandeln

1 Msp. Backpulver

Zutaten für die Trüffelcreme:

1/4 l Schlagobers

80 g Butter

80 g Kristallzucker

250 g Kochschokolade

etwas Rum

etwas Staubzucker

Schokoladeflocken

evtl. kandierte Kirschen

1 Für die Creme Schlagobers, Butter und Kristallzucker aufkochen lassen und die zerkleinerte Kochschokolade darin auflösen, gut verrühren und kalt stellen. Gut ist es, die Creme am Vortag, mindestens aber 3 Stunden vorher zu machen.

2 Eier trennen. Eidotter mit Staubzucker und Vanillezucker gut schaumig rühren. Erweichte Schokolade schaumig einrühren. Eiklar mit Kristallzucker zu steifem Schnee schlagen und mit den anderen Zutaten unterheben.

3 Den Teig auf ein mit Backpapier ausgelegtes Backblech streichen, im vorgeheizten Backrohr bei 160 °C etwa 20 Minuten backen und auskühlen lassen.

4 Die Creme schon einige Zeit vorher aus dem Kühlschrank nehmen, etwas Rum dazu geben und mit dem Handmixer schaumig aufschlagen. Den Teigboden in der Mitte durchschneiden, 2 Drittel der Trüffelcreme löffelweise auf die eine Hälfte des ausgekühlten Bodens verteilen und verstreichen und die zweite Hälfte darauf klappen. Mit der restlichen Creme bestreichen und mit Schokoladeflocken bestreuen. Staubzucker (ganz wenig) darübersieben – evtl. mit geviertelten, kandierten Kirschen belegen.

Tipp

Sie können den Kuchenboden vorher mit etwas Rum-Wasser-Zuckermischung beträufeln. Wenn Sie eine Torte machen, dann beachten Sie die Backzeit (Nadelprobe).

Tropic-Schnitten

Zubereitungszeit:
35 Minuten

Backzeit:
20 Minuten bei 170 °C

Masse für ein Backblech

Zutaten für den Teig:

5 Eier
180 g weiche Butter
180 g Staubzucker
1 Pkg. Vanillezucker
100 g Mehl
2 EL Kakaopulver
1/2 TL Backpulver
100 g geriebene Nüsse

Zutaten für den Belag:

6 Gläschen Tropic-Fruchtikus
3 Pkg. Instantgelatine
2 EL Rum

etwas Marmelade
1/2 l Schlagobers
2 Pkg. Sahnesteif

1 Eier trennen. Butter rühren, mit Eidotter, Staubzucker, Vanillezucker schaumig weiterrühren. Kakaopulver einrühren. Eiklar zu steifem Schnee schlagen. Mehl mit Backpulver vermischen und abwechselnd mit den Nüssen und dem Eischnee unterheben.

2 Die Masse auf ein befettetes, bemehltes Backblech streichen und bei 170 °C etwa 20 Minuten backen.

3 Tropic-Fruchtikus (Sie können ihn auch mit dem Mixstab pürieren) erwärmen und mit dem Rum und der Instantgelatine gut verrühren.

4 Den ausgekühlten Teigboden dünn mit Marmelade bestreichen, die abgekühlte (etwas erstarrte) Fruchtikus-Masse darauf verteilen und einige Zeit kalt stellen.

5 Schlagobers mit Sahnesteif fest schlagen und auf die erstarrte Fruchtmasse streichen.

Tipp

Wenn Sie den Fruchtikus püriert haben, können Sie statt dem Schlagobers auch eine Schokoladeglasur über die erstarrte Fruchtmasse geben und mit Kokosett bestreuen.

Vollkorn-Linzer-Schnitten

1 Alle Zutaten zu einem glatten, eher weicheren Teig verkneten. Sollte der Teig doch zu fest sein, etwas Milch oder Rum dazugeben. Den Teig in Folie wickeln und etwa 2 Stunden kalt stellen.

2 2 Drittel des Teiges ausrollen und auf ein gut befettetes Backblech legen. Nicht zu sparsam mit Marmelade bestreichen. Aus dem restlichen Teig ein Gitter darauf legen, mit Eiklar bestreichen und mit Mandelblättchen bestreuen.

3 Im vorgeheizten Backrohr bei 180 °C etwa 40 Minuten backen.

Tipp

Sie können jede Art von Vollmehl verwenden. Wenn Sie kein Vollmehl nehmen, dann lassen Sie ein Ei weg.

Zubereitungszeit:
50 Minuten

Backzeit:
40 Minuten bei 180 °C

Masse für ein Backblech

Zutaten für den Teig:

220 g Butter

180 g Staubzucker

180 g geriebene Mandeln

1 TL Zitronenschale

1/2 TL Zimt

1 Pkg. Vanillezucker

2 Eier

3 Eidotter

260 g Weizenvollmehl

1 gestr. TL Backpulver

Ribiselmarmelade

Mandelblättchen

Waldbeer-Vanille-Schnitten

Zubereitungszeit:
1 Stunde

Backzeit:
15 Minuten bei 200 °C
Masse für ein Backblech

Zutaten für den Teig:

- 5 Eier
- 5 EL heißes Wasser
- 150 g Staubzucker
- 150 g Mehl
- 1 TL Backpulver
- 1 EL Öl

Zutaten für die Creme:

- 1/2 l Milch
- 160 g Kristallzucker
- 2 Pkg. Vanillezucker
- 1 Vanilleschote (wenn zur Hand)
- 1 1/2 Pkg. Vanillepuddingpulver
- 7 Blatt Gelatine
- 60 g Marillenmarmelade
- 1/2 l Schlagobers

Zutaten für das Gelee:

- 100 g Marillenmarmelade
- 1/4 l Wasser
- 120 g Kristallzucker
- 6 Blatt Gelatine

400 g gemischte Beeren

Marillenmarmelade zum Bestreichen

1. Eier trennen. Eidotter, heißes Wasser, Öl, Staubzucker und Vanillezucker sehr schaumig rühren. Mehl mit Backulver vermischen und mit dem steif geschlagenen Eiklar unter die Eidottermasse heben.

2. Den Teig auf ein befettetes, bemehltes Backblech glatt aufstreichen und im vorgeheizten Backrohr bei 200 °C etwa 15 Minuten backen.

3. Für die Creme die Hälfte der Milch mit Kristallzucker, Vanillezucker und der halbierten Vanilleschote aufkochen lassen. Das mit der restlichen Milch glatt gerührte Puddingpulver in die Milch einrühren und nochmals aufkochen lassen.
Vom Herd nehmen, Vanilleschote entfernen. Gelatine im kalten Wasser einweichen, ausdrücken und in der Puddingmasse auflösen. Marillenmarmelade einrühren und überkühlen lassen. Schlagobers schlagen und in die glatt gerührte überkühlte Puddingcreme einrühren.

4. Auf den erkalteten Biskuitboden Marillenmarmelade und die Creme streichen. Einige Zeit kalt stellen und dann mit den Beeren belegen, etwas andrücken.

5. Für das Gelee Wasser und Zucker aufkochen lassen, vom Herd nehmen und mit Marillenmarmelade verrühren. Gelatine in kaltem Wasser einweichen, gut ausdrücken, im lauwarmen Marmeladegemisch auflösen, im Kühlschrank kühlen, bis die Masse schon zähflüssig ist. Dann über die Schnitten verteilen und kühl stellen.

Tipp

Schmeckt auch ohne Beeren sehr gut.